U0602109

nutella

费列罗
能多益长盛不衰之路

[意] **季基·帕多瓦尼** (Gigi Padovani) ——— 著

赵丽华 ——— 译

北京时代华文书局

我们生来就是为了在宇宙中留下印记的，
要不，我们为什么在这里？

——史蒂夫·乔布斯

导言

没有年龄

那曾是另一个意大利。

那些年,人们对未来总是充满着美好的期待。而如今,留给人们的是对那些年逝去的美好时光的怀恋。过去的日子尽管悲凉、艰苦,但是人们总是乐观且充满斗志地憧憬着明天。1964年,季佑拉·秦奎蒂(Gigliola Ciynquetti)轻唱着《我没有年龄》,然而被历史牢记的是雪莉·贝西(Shirley Bassey)在演唱歌曲《金手指》时那强而有力的声音。永远忘不了桑德罗·马佐拉在维也纳普拉特足球场进了两球,国际米兰足球队最终以3∶1战胜了皇家马德里足球队,赢得了决赛。相比之下,帕尔米罗·陶里亚蒂(Palmiro Togliatti)的葬礼却早早地就被人们遗忘了。那时,晚餐就喝点蔬菜汤,电视节目《卡洛塞洛》(Carosello)结束后,孩子们就去睡了;大人们接着看根据克洛宁(Cronin)同名小说改编、由阿尔贝托·卢波(Alberto Lupo)主演的《未城记》(Cittadella);年轻人则听披头士和滚石乐队的歌。

5月的一个早晨,它来到了意大利人的家里。室内有一只六边形的杯子，杯上贴着一个画有面包的标签，杯里装的是一种可涂抹的榛果酱。夏天，人们习惯开着满载行李和一些玩具的菲亚特600汽车去里米尼（Rimini）小城度假。那时，电视里也开始出现乔·空逗（Jo Condor，能多益广告）的画面。

今天，罐装能多益（Nutella）变成了神话。它已有50个年头了吗？人们并不这样觉得。但是，至少有三代人都是吃着面包和能多益长大的：第一个是"婴儿潮"时代，之后是X时代，即千禧时代；现在轮到了Z世代——有些人也称他们为"post"网聊一代，因为他们总是在脸书网站上或新推出的流行社交平台上聊天。它已有50个年头了吗？那是当然的啦！这是与罗素·克劳（Russel Crowe）、茱丽叶·毕诺许（Juliette Binoche）、麦·迪伦（Matt Dillon）、萨布里娜·费里利（Sabrina Ferilli）、弗朗西斯卡·内里（Francesca Neri）、伊莎贝拉·法雷利（Isabella Ferrari）一般的年龄。最后列举的这三个漂亮的意大利女人自发地为能多益代言，称自己十分喜爱米歇尔·费列罗的发明。法比奥·法滋奥（Fabio Fazio）在他成名前写过："米歇尔·费列罗是位天才，应该授予他诺贝尔奖。"费奥雷罗（Fiorello）在他的节目中说过："米歇尔先生是位真正的意大利人，我们应该公开对他报以热烈的掌声。"

它已有50个年头了吗？人们并不觉得。10年前的它就像南尼·莫雷蒂说他自己一样，是"黄金40岁"。到如今，还可以说是"黄金50岁"吗？当然可以这么说。事实上，能多益没有年龄，也没有国籍，因为它拥有分布在不同国家的11家工厂，工人也是分别来自97个不同的国家，销售市场遍及上百个国家——具体是多少个国家，没有人清楚，或许就连米歇尔·费列罗也不晓得吧。众所周知，如今的能多益令人喜爱，不仅限于此：它是在全世界取得成功的意大利制造的象征。这是一个属于大家的世界，因为那浓浓的一抹已把我们包围在柔软的美味之中。

它的味道是甜甜的，独一无二，像母乳，让人回想起童年。所有这些就是它成功之所在吗？并非如此。这些仅仅是它永葆青春的原因。它是一个少有的大众社交产品，一款左翼和右翼都喜爱的品牌，一种常常被模仿，却从未被超越的涂抹酱。本书将通过它的历史，为大家揭开它的秘密战略。成功的企业家们习惯以尽快的行动来获知消费者们的需求，但是他们通常不灌输运营模式，而是会表达一个愿景或者提供一次设计挑战——让那些怀有梦想的人来实现它。在困难时刻，我们急切需要再次以身为意大利人而自豪，并让全世界羡慕。

从这个意义上说，自1964年发明以来从未被改变过的大众产品，也可作为一个有效的具有创造性的范例。有些分析也证实了这点。它的诞生标志着一个新的货品类型的出现：可以涂抹的酱。在意大利打开了巧克力的大门、把皮埃蒙特传统甜品带到每个角落的，就是与吉安杜佳巧克力块相似的能多益酱。在我们的工业史上，从第二次世界大战之后就没有太多创新的产品是如此长寿的。如果一个产品从未被改变过，那么就表示生产该产品的企业知道如何适应时代精神。能多益产品的生产，从原料的选择开始就谨慎地遵循着可追踪的企业链，通过零距离对接保持新鲜度，并探寻着可持续发展的道路。现今，消费者也十分重视这点。能多益在50年前就走进了我们的家庭，从未离开过，在我们的生活中有"超感觉"般的存在。只有通过阅读费列罗公司的研究报告，分析其市场营销和广告宣传策略，了解一些有关企业价值观（没有过多流传）的文献，才能震惊于能多益帝国远比我们想象中的更辽阔。即使在经济危机时，不管是在发达国家还是在新兴国家，它的销量都在增长。因此，即使在它诞生50周年后的今天，它的成功仍然可以给我们提供一些十分有价值的思路。

第一个秘密是面包：就像一个不可分解的二项式。比如说，想要在中国有所突破，费列罗公司就要发明出新花样，如能多益随手杯、面包棒，或一种新的小点心。然而，对其他国家或地区而言，平日里的美食标志就是在所有广告里都恒定不变的老朋友，即面包和能多益。首先，人们感受到能多益在面包上的美味，之后每个家庭对它形成了一种消费习惯，最后它就变成了神话。这也就意味着，它在传统里、在每个角落的人们的价值观里生根发芽，而这对这个流动的帝国而言尤为重要。

第二个秘密是传统经济。没有金融、没有证券交易、没有收购和投资，仅仅是产品的增长——对新特色产品、包装技术和销售技术创新的增长。健达出奇蛋（kinder）、费列罗榛果威化巧克力（Rocher）、嘀嗒糖（Tic Tac）都是能多益榛果可可酱的后代，因为费列罗懂得如何更好地运用产品—企业的模式来盈利。

如今，瑞典跨国公司采用了一款传真机就裁了几百员工。对于遭遇重大挫折的意大利来说，人们格外怀念那些在20世纪60年代创造了意大利奇迹的勇敢统帅们。他们中就有许多"能多益先生"（报刊这样称呼他们）：从来没接受过采访，没有喧闹的庆祝，没有鲁莽地冒进；工作，工作，再工作；投资企业，让它成长。这就意味着返回主体经济、返回到食品业的价值链中，为提升国内生产总值做出贡献。

第三个秘密是社交性。如何做呢？通过社交媒体，使其梅开二度。通过书籍、电影和歌曲对令人狂热的产品进行一番庆祝，然后将此"福音"也涂抹上网络。多年来，费列罗在传统的电视广告中一贯大手笔，在数字传媒中也是先锋。他不仅对能多益，也对所有的特色产品都运用了营销组合这种激励方式。这意味着他需要知道，如何调整销售策略使之一直适用于社会需求的变化。

第四个秘密是家族企业。人们都说富不过三代。现在费列罗公司的市场份额分别由卢森堡、阿尔巴和法国蔚蓝海岸地区把持着，但是在朗格区的根基仍旧稳固，这里是费列罗公司在第二次世界大战后的"发祥地"。当时，意大利人食不果腹，费列罗懂得如何给人们带来一丝甜味。这个家族比以往任何时候更加坚定。即使处于全球化的时代，这种类型的企业还是存在很大的发展可能——不仅是意大利和欧洲，就连亚洲和美国的数据都表明了这点。

它已有50个年头了吗？谁会这样说？费列罗公司不仅有勇气不隐瞒，反之还首度在全球举行庆祝活动。就连发达国家最重要的经济组织、经济合作发展组织，也研究过费列罗帝国。它拥有20家工厂、3万位从业者、73家运营公司，总营业额超过80亿欧元，是世界第四大糖果集团。这一切都要感谢能多益。正如乔万尼·费列罗（彼特·费列罗的孙子）所说，能多益仍将是费列罗公司未来几年的发展动力。

季基·帕多瓦尼

目录

第二章
能多益的社交

第三章
能多益公司

第四章
能多益涂鸦

第一章

能多益崇拜

utella

1
一切都是拿破仑的错

他们把能多益定义为精神类产品，是一抹香味和一代人的象征。但就榛果可可酱来说，这个组合在意大利甜品中其实有着很深的渊源。能多益不可能不诞生在皮埃蒙特地区。它的前身是一小块诱人的褐色巧克力：吉安杜佳巧克力（Gianduiotto）。在19世纪中期，这种小小的巧克力不为人知，却征服了整个欧洲。它口感柔软，味道甜而不腻，略带苦味，醉人的香气直扑大脑，但是不能涂抹。

1964年，市场上诞生了一种工业特色产品，其在半个世纪内引来了许多巧克力大师的对决——想与它那独一无二的口感较量。这激励着糖果公司创造新的吉安杜佳酱。这是一个从手工业到工业再到优质手工业的良性循环。第二次世界大战后，在皮埃蒙特大区南部（库内奥省）的阿尔巴镇上，一家小工厂历史性地实现了巧克力从固状到奶油状的转变。正如一个世纪前吉安杜佳巧克力被发明出来时一样，糖果公司创始人彼得·费列罗在战后困难时期，也寄希望于与可可特征相似的带有芳香气味的油性小坚果。在离他的研究室不远处的山丘上，漫山遍野地种植着这种经济实惠的榛果。榛果和可可幸福地相遇并非只是由于战后的需要，其首要推动者应是拿破仑·波拿巴——他才是真正的有着贵族血统的能多益"创始人"。时间追溯到1806年，在柏林的霍亨索伦城堡，拿破仑出于对一年前特拉法加海战失利的报复，下令在刚刚征服的普鲁士城市全面展开对英国岛屿的禁运；后来，从岛屿禁运扩展到禁止所有的英国船舶接近任何一个法国管辖的港口（自然也包括意大利北部）。对此，英国的反击十分强烈：英国皇家舰队开始阻止中立国船只驶向法国的港口。英国海军的禁运力量比起法国的禁运力量，更为强大，其效果也就更加明显。

大陆封锁的结果就像它的定义一样，包括蔗糖、茶、可可和香料在内，殖民地的商品在整个欧洲直接消失不见了，市面上少量的易腐食品也出现了持续多年的大幅度涨价。加拿大历史学家乔克·加洛威在《剑桥世界食物史》（*the cambridge world history of food*）一书"糖"（sugar）这一篇章中介绍道："糖从法国和欧洲市场上消失了，这使得法国上层十分气愤。为了补救这一市场空白，拿破仑鼓励种植甜菜、建设工厂，并按照化学家卡尔·弗朗茨·沙尔（Franz Karl Achard）在普鲁士提出的方法制糖。"至于可可，那时在非洲还没有种植（今天非洲变成了世界上最大的生产地），因此，从中美洲和南美洲进口是当时唯一的供应途径。

都灵跟法国一样，消耗着大量的糖和可可。作为萨沃伊王朝的首都，都灵在18世纪末就成为最重要的巧克力生产地之一。"众神的食物"从法国和西班牙通过萨沃伊辗转到了皮埃蒙特大区：18世纪，阿尔卑斯山的巧克力大师们每天都生产750英磅的巧克力，大约是350千克，并出口到奥地利、瑞士、德国和法国。法国波旁王朝曾设有"巧克力办公室",专门给优秀的"甜品商"颁发皇家专利。这样,那些贵族们就能享受到心爱的巧克力。许多瑞士年轻人希望能去都灵,在那里的小手工作坊里学习技术,比如弗朗西斯·卡耶尔（Francois Cailler,雀巢公司创始人之一）和菲利普·苏查理（Philippe Suchard）。从南美洲途经西班牙或葡萄牙,把可可海运到那时还属于皮埃蒙特的尼斯港口,巧克力师傅们首先趁热把可可放在一块凹着的石磨盘上捣碎——这个古老的方法是从阿兹特克人时代流传下来的。之后,就开始使用第一代液压机——它有着大大的磨床、花岗岩的转轮。就此,都灵诞生了甜品工业。

第一个替代品

虽然1814年结束了大陆封锁,但拿破仑的禁运使得一切更加艰难,原材料的价格已是天价。意大利人也得像法国人一样进行调整适应。农业部部长卡米洛·奔索·加富尔（Camillo Benso Conte Cavour）伯爵鼓励在皮埃蒙特大区种植甜菜,用来制糖,在国内寻找可可的替代品。1813年,威尼斯多梅尼科·弗拉卡索（Domenico Fracasso）印刷厂发行了一本15页的小册子。这是一份书面声明,由安东尼奥·巴扎里尼起草,标题为"巧克力国家性代替理论实践计划"（那时,安东尼奥·巴扎里尼从威尼斯搬到都灵定居,还写了一本《百科和字典》）。他的建议很简单:由于"可可豆太'明白'如何榨干欧洲人的钱包",所以需要用被遗忘多时的"本土的产品"来代替它。巴扎里尼建议用其他有营养的植物,比如欧洲的榛果或者烤过的杏仁、羽扇豆或者玉米来取代来自南美洲的可可豆。小册子解释说,在加工的最后阶段，可以加入不超过三分之一的可可，以美化外观。这样，不仅可以使甜品味道可口香浓，而且更坚实并接近原来的巧克力，外表也无懈可击。一个全新的替代品，配料也丰富多样：2 250千克的杏仁（或榛果）、40克烘焙过的羽扇豆、900克玉米、40克的桂皮和香草粉末、1 520千克的糖。

无法得知都灵年轻的巧克力师米歇尔·普罗凯特（Michele Prochet）是否阅读过巴扎里尼写的这本小册子，但肯定的是，朗格和孟菲拉多地区的榛果早就被白色艺术大师们所熟知。他们用来制作白色的牛轧糖、精致的小饼干和蛋糕。马里奥·马尔赛里奥（Mario Marsero）在他的《阿尔卑斯山麓的美味甜品》（Dolci delizie subalpine）一书中认为，首次用新替代品制作巧克力是在1852年，由普罗凯特（Prochet）制作完成。普罗凯特、盖伊·奥丁（Gay Odin）、塔尔蒙（Talmon）和卡福莱（Caffarel）都是瓦勒度教中的一员。他们得知卡洛·阿尔贝托（Carlo Alberto）在1848年主张宗教自由后，来到萨沃伊王朝的首都开启他们的甜品事业。1932年，专业杂志《甜食》（Il Dolce）中写道："吉安杜佳泥不是用烘焙过的榛果制作出的巧克力。"这也明确表明，第一个实现用替代品制作巧克力的是普罗凯特公司和盖伊- C（Gay&C）公司，但是事实上，具体日期仍然无法确定。

但是可以肯定的是，1878年，巧克力师卡福莱和普罗凯特将他们两家公司合并为同一个品牌。卡福莱现在在瑞士莲公司旗下，但仍然保持着阿尔卑斯山麓的骄傲血统。在其档案室里保存着一份文件，该文件证实了用可可和榛果制作出的小巧克力其实是在1965年都灵的狂欢节上诞生的。在持续15天的"奇妙展"（Fiera Fantastico）期间，人们在皮埃蒙特省会的大街小巷里欢庆。具有城市象征意义的人物吉安杜佳品尝了一丁点大的（第一批）巧克力后，十分喜欢。为此，他授予制造商一份特殊的企业功绩奖，即授权他们可以用他的名字吉安杜佳来命名这个都灵产品。如今，这份证书还存放在都灵卡福莱普罗凯特&Co分公司办公室。

这就是吉安杜佳巧克力（Gianduiotti）的由来。2001年，意大利糖果企业家代表提出了食品贸易规则，经过激烈谈判后，其谈判结果被写进世界贸易组织使用的《食品法典》里，确定为国际贸易规则。时至今日，世界巧克力的品种分为4类：白巧克力、牛奶巧克力、纯黑巧克力和吉安杜佳——并非所有人都知道，这个名字来自 "Giôan d'la dôja"，意思是 "来自酒壶的乔万尼"。乔万尼是一位快乐的美食家，也是复兴运动的象征，是许多人（至少几代以前的人）十分喜爱的人物。《都灵和都灵人》是19世纪报道市民逸事的地方短篇专栏，很受人们喜爱。阿尔贝托·维里利奥（Alberto Viriglio）在专栏里写道："吉安杜佳不是一个形象，而是一个特征。其率真和粗野的外表下掩饰的是天赋，是足智多谋，是颗善良的心。"狂欢节期间谁扮演他，谁就象征着获得加冕的城市之"王"。正好在1865年，乔万尼本人领导过人民示威游行，以反对意大利王国从都灵转移资本到佛罗伦萨。

我们叫它吉安杜佳巧克力泥（Giandujot）

一个世纪之后的三四十年代，应该是吉安杜佳巧克力的一些特性激发了一位成长在朗格（Langhe）和都灵间的、具有雄心壮志的甜品手工匠的灵感。这位手工匠名叫彼得·费列罗（Pietro Ferrero）。1946年，他决定在其特色产品的包装上画上吉安杜佳，再在旁边画上两个幸福的小朋友，包装上还写着"空前绝后的佳品"。"摩修（monsù）彼得"是彼得先生的意思，所有人都这样尊敬地称呼他。彼得先生遇到的困难是，在第二次世界大战后很难找寻到原材料，跟19世纪初他的同行遇到的困难相似。当时，意大利已经筋疲力尽，几乎到了饥荒的地步。少数人能勉强给孩子一块甜品或小点心。所有的物资都需要定量配给。但是在战后困难时期，一对新人——可可和榛果为能多益的诞生创造了前提条件，彼得·费列罗从此大展拳脚。

彼得·费列罗是农民的孩子。库内奥省的维亚利亚诺·索普朗诺（Viaiano Soprano）乡村只有几户人家，坐落在树林环抱的半山腰。那里的山丘间种满了葡萄和玉米，从那里可以看见静静流淌的塔纳洛（Tanaro）河。如今，维亚利亚诺小镇的生活因香醇的葡萄酒、旅游业及在朗格中心城市阿尔巴（Alba）入驻的产业雄厚的经济背景而富裕起来。但在费列罗家的两兄弟彼得·费列罗（1898年出生）和乔万尼·费列罗（1905年出生）年纪小的时候，维亚利亚诺小镇的生活就像费诺利奥（Fenoglio）《废墟》（Malora）一书中描绘的帕瓦利翁内（Pavaglione）村贫苦农民一般，十分凄凉，是一个让人能逃多快就逃多快的地方。不过，这两兄弟不愿像父辈一样，面朝黄土背朝天地耕种。彼得·费列罗去了多利亚尼（Dogliani）小镇学制作甜品手艺。多利亚尼是个热闹鲜活、有5000居民的小镇，出名于多姿桃（Dolcetto）葡萄酒和意大利共和国第一任总统路易吉·艾劳迪（Luigi Einaudi）在那里的地产。乔万尼·费列罗入伍进了宪兵队，后来转向阿尔巴地区，投身于商业。

刚开始，两个兄弟的命运还是分开的。他们的外表和性格也大不相同：彼得·费列罗个子小、孤僻、沉默寡言；乔万尼·费列罗留着好莱坞演员一般两端高傲上翘的胡子，精力旺盛，令人望而生畏。哥哥知道用小锅和烤箱，利用现有的原材料制作美味无比的蛋糕和类似泡芙的油炸夹心小丸子。弟弟擅长买卖食品。在战后，那个主要成分为榛果、可可、糖、椰子油制成的替代品改变了他们的生活，他们拥有了一个小的手工作坊。

多利亚尼小镇的主街建有皮埃蒙特传统的低拱廊，所有的一切都从这里开始。1923年，彼得·费列罗开了他的第一家甜品店。当时，国家法西斯党刚刚取消了原定于5月1日举行的庆典活动，而在4月21日设立了一个罗马诞生庆典。在电影院放映的是由巴尔都罗梅奥·帕加洛（Bartolomeo Pagano）参演的电影《马契斯特》（Maciste）。彼得·费列罗十分能干，但也多亏在橱窗摆设的诱人的蛋糕，他成功地俘获了20岁的年轻姑娘皮埃拉·希拉里奥（Piera Cillario）的芳心。皮埃拉排行第八，是家里最小的。1924年，她成为彼得·费列罗的妻子，并成为费列罗公司成功的关键人物。两年后，他们都到了阿尔巴皮埃拉外甥女的拉瓦（Rava）糖果店；20世纪30年代，他们迁到了都灵。在这10年间，他们开了两家甜品店。最新开的那家风格更为雅致，饰有7个橱窗，拥有最优质的客人。但是，由于战争爆发，彼得·费列罗被疏散离开。由此，他们决定再次回到朗格的省会阿尔巴。

与此同时，他们唯一的儿子米歇尔·费列罗（生于1925年）一天天长大。米歇尔曾在蒙多维市（Mondovì）读会计专业。在学校期间，他由舅舅欧杰尼奥·希拉里奥（don Eugenio Cillario）神父辅导；战后，他选择留在家里帮忙。虽然那时销售甜品十分困难，但他们家的生意还是运转了起来，成为阿尔巴最好的甜品店。当时的人们什么都缺，更别说3 000里拉（约合120美元）1千克的巧克力了——完完全全是奢侈品。彼得·费列罗知道，要想提高产量，就要创造出低价的特殊品，1千克巧克力价格不能超过600~700里拉。他的弟弟乔万尼·费列罗帮上了忙。乔万尼·费列罗开着菲亚特Balilla汽车给周边地区的所有面包商提供发酵粉，通过买卖食品过日子且过得不错。

"彼得，你知道吗？"有一天，乔万尼·费列罗边说边走进彼得·费列罗位于那塔兹街（Rattazzi）8号的手工作坊。"他们今天低价卖给我这一桶作废的糖蜜，在制糖过程中从甜菜中提取出来的。没有糖那么甜，但是味道挺好，也被用来制作发酵粉。他们半卖半送地给了我一批，你试着用用，看看效果怎样。"彼得先生穿着白衬衫俨然像个化学师，开始了他的试验。他那小小的作坊里也有榛果渣饼，是提取榛果油剩下的残余，还有一丁点的椰子黄油（那时的椰子黄油贵得厉害，而且经常断货）和低脂可可粉。原料十分简单，但是能保证健康。他一遍遍地试验着，终于制作出一种半固态的果酱似的物体，味道甜甜的，很可口。彼得·费列罗把它放入四方形的模具里压成小面包的形状，并去肉店里要了一张黄色的纸，把它裹成能引起食欲的一小锭"金条"。

1967年，记者德·维奇（De Vecchi）、迪·诺拉（Di Nola）和托内利（Tonelli）共同写了《一个成功故事》（Storia di un successo）一书，书中重现1945年年末到1946年年初的情形。他们写道："当那个混合物变冷后，彼得·费列罗让妻子尝尝。妻子皮埃拉是位美食品尝者，喜吃巧克力且乐此不疲。'我觉得好吃极了。'妻子吃完说道。'爸爸，是美味。'儿子米歇尔也咂舌表示肯定，拿起另一块巧克力美滋滋地吃开了。'爸爸，我喜欢。'米歇尔坚持道，并好奇地问，'你在里边放了什么？'"次日，一贯活泼快乐的乔万尼·费列罗取走了一些，试着让他的面包商客户们推销它。还没有转完一圈，就有人来找他说："费列罗先生，你还有那个甜品吗？把它切片，夹着面包好吃极了。我们全都卖光了。"

米歇尔在成为知名企业家后，他的生活总是远离聚光灯，很少接受采访。记者阿尔弗雷多·彼亚（Alfredo Pigna）写《穿便衣的亿万富翁》（*Miliardari in borghese*）一书时采访了他。该书为我们还原了那次令人难忘的发明的最真实版本。

"你知道什么是'东拼西凑'吗？有些人叫它是穷人的巧克力，但是我称它为低调的甜品。我父亲发明了这个'东拼西凑'，它是吉安杜佳巧克力的同类产品，物美价廉。我的父亲和叔叔乔万尼（当时是股东）认为，我们的优质客户将会是那些成百上千的工人、瓦匠、木匠、农民。他们平时就买几个西红柿、一些奶酪夹放在圆面包里当早餐。我们能不能在他们午茶时提供一种跟他们之前买的一样贵或者更加便宜的甜品？这或许能行得通。结果是一个取得压倒性优势的成功，直到今天我们都觉得当时那个想法十分有理。由此，在那个'东拼西凑'的基础上诞生了费列罗公司。"

在市场上初试，它与巧克力开始了残酷的竞争：它有着巧克力一样的营养特征，因为榛果的成分与可可相似，而且味道还很好。最主要的是，所有人都买得起它。

人们都说乔万尼·费列罗善于把塔纳诺河的沙子当成黄金卖。事实上，卖那个切成一块块的替代品根本不需要用到他的口才。因为它卖得像面包一样。这样兄弟俩开起了公司，聘请了几个工人，买了新的机器。他们开始没日没夜地工作，因为订单从朗格每个角落，甚至从都灵那里像雪花一样飘来。"必须给它起个名字。"他们自然地想到了因拿破仑而发明的小巧克力块，这样他们就叫它吉安杜佳巧克力泥。

格拉杰拉·博勒罗（Graziella Borello）是1964年夏天费列罗公

司聘请的工人之一。在费列罗公司的小作坊里有六七个十分年轻的女性、两三个男性。格拉杰拉讲述道："当时只有两台机器是用电的，其余的都是用手工。从乡村运来的榛果，我们把它烤熟，剥去外壳，捻成泥状，然后把它跟可可和素油混合在一起，最后用手工把它放入模子里；在生产的结尾，把1千克的吉安杜佳巧克力泥用铝箔纸裹起，装入纸盒。没想到，还没生产结束就有客人要买了。即使米歇尔的母亲皮埃拉的工作地点是在离工坊几百米远的马埃斯塔（Maestra）街上的甜品店——她负责收银工作，有时也过来查看是否一切都顺利。一开始的销量就十分惊人：单单11月份就卖出了11万千克。结果，在那塔兹街庭院里的场所空间不够了。于是，1946年12月，我们把设备都搬到了一个位于维瓦诺（Vivaro）大街的厂房里。厂房离塔纳洛河不远，是费列罗夫妇在战争期间购买的。年末，员工就有50来人，在短短的时间内就翻了一番。"

对阿尔巴附近山丘上的穷苦农民来说，那个小小的工厂就变成了大家的目的地。"雇用工人，但又让他们可以有几个月待在家里忙农活。"消息很快就在一村村间传开了。其实，生产是有季节性的。1951年，阿尔巴人70%是从事农业的，生活贫苦。在两次世界大战之后，整片区域都变得荒无人烟。维瓦诺大街的工厂（现在原工厂已扩建和更新）发展得面貌一新，1951年底，员工人数就达到300人；又经过短短10年，到1961年人数就达到了2700人。

试卖

著名的市场营销专家菲利普·科特勒（Philip Kotler）用自己的书

籍向全世界推广了由杰罗姆·麦卡锡（Jerome McCarthy）在1960年提出的4P理论。该理论被认为是第一次以科学方式来满足市场要求，实现利润。该理论的四个基点为：产品、价格、渠道和宣传。在20世纪50年代，乔万尼·费列罗使用了一个策略——今天我们可以总结为：试图把科特勒的前三个"P"组合在一起，即"力图销售"，是一套一半做批发销售、一半做流动销售的组合系统。面对战后困难时期需求量小等特殊情况，这套系统十分可行。乔万尼·费列罗开着他那菲亚特1100汽车在皮埃蒙特大区和伦巴第大区间来回转，有点像保罗·康特（Paolo Conte）唱的那首《玫瑰红色小老鼠》（Topolino amaranto）里写的那样："1946年（战后），喜悦地奔跑……"有一天，乔万尼·费列罗载着一车的吉安杜佳巧克力泥去米兰市的一个批发商那里。当他到那儿时仓库门还没开，他就进了一家咖啡馆打电话给那位批发商。当他回到车旁时，看到车边围了一小群人，他们想买这珍贵的"面包甜品"："榛果的香味，它是我们最优秀的外交官。"科特勒应该会总结为：这是第四个"P"。

就是那段时期，费列罗公司有了跳过批发商的想法。由此，费列罗公司的代理商们开始到处拜访店主，当即提供给他们货物。由于代理商们只拿提成，所以他们的订单量有了大幅度的提升。费列罗公司的送货车涂上了榛果、可可的颜色，车身上还画着吉安杜佳的脸谱。费列罗公司的车辆，从1947年到1950年，由10来辆增长到154辆，而到1960年竟然增长到1624辆。在意大利，费列罗公司的车队规模仅次于军队车辆，销售商们的流动货车就像一个个小的流动仓库。费列罗公司还组织建立了一个享有经销权的代理人网来避免那些批发商们垄断市场。不仅如此，乔万尼·费列罗也谙晓营销之道：他在阿尔巴有一家直营批发合股公司——费列罗&卡亚索（Ferrero&Cagnasso）公司，位于圣保罗大街，远离他哥哥创建的公司。他的合股公司旁就是由雅培里（Giacome Alberione）神父创建的出版天主教周刊《基督教家庭》（*Famiglia Cristiana*）的出版社。合股人奥斯瓦都·卡亚索（Oscaldo Cagnasso）从1948年开始是天主教民主党的众议院议员，之后从1956年到1964年他任阿尔巴市市长及参议员。

那是一个英雄辈出的年代。阿米尔卡雷·都利奥提在20世纪90年代成为费列罗公司的首席执行官。在之后很长一段时间都是米歇尔的主要合作者。他回忆起，1954年大学毕业后就进了费列罗公司，被安排在小货车里跟着流动销售商们一起工作。"当他看到我时，给了个冷眼，因为我坐在他身旁就意味着霸占了商品的空间。我们折中了一下：把座位卸去，装上一盒盒吉安杜佳面团，就算是我的椅子了。"

超级榛果酱（*Supercrema*）

即使是1948年9月发生的大灾难性洪水，也没能阻止费列罗公司的疯狂成长。但是在次年的春天，费列罗家族遭受了沉重的打击：创始人彼得·费列罗因为心肌梗死去世，年仅51岁（2011年，悲剧再次发生，这次轮到了与彼得·费列罗同名的孙子，去世时不到50岁）。随后的1949年，遗孀皮埃拉刚20岁出头的儿子米歇尔和他的叔叔乔万尼·费列罗接管了公司。除了吉安杜佳巧克力泥，他们开始出产新的产品，仍然保持了价格实惠的特征：如客莱蜜浓（Cremino）巧克力、酥尔担尼洛（Sultanino）巧克力、克莱玛布洛克（Cremablock）巧克力。当时，意大利甜品的人均消费量特别低，大约每年2千克。

所以，费列罗公司总是尝试着向消费者提供尽量缩减的小块产品，这样消费者可以酌情购买：只是在生产上改变分量而已。因为同行竞争对手们卖巧克力用大包装，十分不方便，价钱也显得贵而且易碎。

可是，费列罗公司是什么时候开始了涂抹的方式的呢？

几位都灵的老牛奶商们还记得1949年那个炎热的夏天。当科皮和巴塔利还在环意大利自行车赛中厮杀、美国演员泰隆·鲍华因开启罗马甜蜜生活而红极一时时，吉安杜佳巧克力泥开始像烈日下的雪一样融化了。费列罗公司的代理商们迅速将他们转移到一个仓库里，极有可能是发现吉安杜佳巧克力泥化成酱一般，他们就此将它涂抹在面包上。是都市传说还是幸运的偶然？在甜品史上也记载有类似的"天赐"差错。比如夹心巧克力，它应该是1636年，在一次服务莱西·普拉兰（Plessis Praslin，法国元帅和外交官）伯爵时，因糕点师分心而诞生；19世纪末，在法国乡村的一间餐厅里，反烤苹果塔也是因为一个差错而进了塔汀（Tatin）姐妹的烤箱里。1949年秋天，商店里有一种超级榛果酱（Supercrema）跟大家见面了。年轻的米歇尔在一本美国杂志上发现了一种物质可以使以榛果和可可为原料的食物保持酱状。这种物质就是大豆卵磷脂，它能够保持油脂。事实上，曾有一些商人抱怨说，吉安杜佳巧克力泥会出现油脂分离。所以，加入一些卵磷脂使它更稳固，这样就可以生产这种超级酱，它又名榛果酱。有魄力的企业家马上有了使用不同的、可循环利用的包装的想法：如密封的白铁皮容器、铝制锅、专为孩子设计的木制小房子、杯子、小桶、小罐子。

在意大利南部的小村子或山里的村镇，费列罗公司还安排提供一项公共服务，就是涂一涂。孩子们从牛奶店或面包店跑过来，手里拿着一块面包，支付5里拉就可以在面包上轻轻地涂抹一层超级榛果酱，想要涂厚一点就支付10里拉。宣传也是针对"聪明的家庭主妇",因为她们会选择一款"高能量值"的产品:仅需600里拉就可购得一千克榛果酱,就可以拥有21.34千焦的热量;当然,也可以自主选择涂抹在面包上的榛果酱的量。费列罗公司以一种简单或者无意识的方式将现代营销的主要手段运用到实践中:无促销和广告活动,而是"为客户创造价值及建立稳定的客户关系,为企业换来更进一步的价值"(科特勒)。

在阿尔巴的工厂里,工人夜以继日地工作着,周日也不例外,只为了能够满足不断增加的订单所需。工人们来自山丘间的几个邻村,在这儿工作,他们就可以继续生活在农村而不需要迁往城市去:这样农村人口不会减少,同时城市的发展相对均衡。1957年,费列罗公司为员工们开设了7条公交车线路。一开始,公司跟当地教廷有一些摩擦,因为周日还在工作。不过,乔万尼·费列罗最终说服了教士们——使他们接受了这是为了幸福生活而做出的牺牲。

需要公开承认的是,费列罗公司的管理层懂得如何通过不破坏土地来创造经济奇迹,而不像都灵的汽车工业那样。社会学家弗朗西斯科·阿尔贝诺尼(Francesco Alberoni)在《工作、创造、奉献》(lavorare Creare Donare)一书中强调:"有这么一些地方,在一定历史时期,奇迹般地创造出动态的非凡文明社会。由此塑造了一些杰出人物,他们创造出伟大的杰作。所有人都在脑海中浮现了雅典和佛罗伦萨那些辉煌的时刻。但是类似的过程也会发生在规模更小的地方,比如在一些小城市、乡镇,新事物或幸运已经降临。想想在马拉内罗(Maranello)或在伊亚雷亚(Ivrea)的阿德里亚诺·奥利维蒂(Adriano Olivetti)诞生的法拉利。当然,同样的事也发生在阿尔巴。这里出现了一个圣保罗(《基督教家庭》的出版社,作者注)还有保禄家庭。这里，主要的还是出了个费列罗公司，一家真正的意大利国际公司。当然费列罗不仅仅是一家企业，它跟圣保罗一样，是一个家庭，一个社区。不仅如此，费列罗公司还跟这一地区及孕育出它的文明社会相互影响、相互作用。公司取其精华的同时也使其丰富和成长。"乔万尼·费列罗鼓励开设机械、电工、设计等职业学校。1956年，他成为一名社会工作者，负责解决工人的需求问题。从此，他开始推出多项企业福利，比如房子、诊疗所、托儿所、旅行、康乐会所等，直至今日。

放眼欧洲

只要看一下巧克力人均消费量就得佩服米歇尔的天赋和直觉。30岁时，他就说服了原本不情愿的家族在德国开了一家工厂。今天，每个德国人每年至少吃掉8千克的"众神的食物"，而在意大利只到其一半的量。在距今已算遥远的20世纪50年代，两者间的差距还是很大的。所以，在德国办厂是一场取得胜利的赌局。前管理者阿米尔卡雷·都利奥提回忆道："米歇尔先生对我说，'如果我们在欧洲都不算什么，那么在意大利我们什么也不是。'这个就是他的预言。那时还只在意大利销售，但他已经明白需要在欧洲发展。当我们进军伦多夫建厂时，Motta公司的首席执行官就宣称：'费列罗他们自己找到了出局的方式。'事实上，哪里有需求我们就去哪里。"从那时起，这就一直是费列罗公司向海外扩展所选择的路：不是在生产成本里寻求优势，也不是基于吸引本土企业投资，而仅仅是回应市场上没能被满足的需求。

缘此，工厂就在离法兰克福150千米远的黑森州的丘陵地区建立起来，跟朗格区十分相像，也被视为意大利甜品工业国际化的首例。在

1956年时，他们就有了如此的眼界，而有6个签署国（当时这6个国家被称为欧洲经济共同体）拟订的《罗马条约》，也仅是在1957年3月才签署通过的。第一次在伦多夫所建的工厂，是在购买一些战后废弃的工厂基础上建成的，那些废弃的工厂，曾是希特勒制造出V1导弹的地方。在那儿，从阿尔巴派去的开拓者，如塞维里诺·契尔萨（Severino Chiesa）和约瑟夫·法松内（Giuseppe Faussone），从零开始建造了工业区。作家贝佩（Beppe）的妹妹，即管理者法松内的妻子玛丽莎·费诺利奥（Marisa Fenoglio）以自传的方式在《生活在别处》一书中向我们描述了阿尔巴人在德国"流放"的日子："德国人是在我结婚那天拦住我的。在一群亲人和朋友中，也就是从塞尔吉奥的一位证婚人那儿飘来一个声音。那人是塞尔吉奥的老板，即那位有着宏伟的欧洲扩张计划的人。一走出教堂，人们还在教堂前的空地上，他就给我介绍他的计划：'费女士，您愿意跟随您的丈夫去德国吗？'"

米歇尔原想用克莱玛尔巴（Cremalba），即一个肥皂大小的甜品，打开德国市场。没想到，德国人反而被并没有昂贵、精美盒子包装的散装樱桃酒心巧克力蒙雪丽（Mon Chéri）给征服了。在德国的扩张模式一年后在法国又上演了，之后是比利时、波兰、爱尔兰、土耳其、澳大利亚、美国。总之，都是通过不断创造出新产品来满足意大利、德国或法国等国家消费者的不同口味需求。

小小的手工作坊变成了跨国公司。乔万尼·费列罗以他的商业直觉和管理能力把费列罗公司带到了国际舞台，但没能够来得及享受成功。1957年3月25日，他也跟哥哥一样，被心肌梗死夺去了生命，存年52岁。一年后，他的妻子欧塔维奥·阿美利奥（Ottavia Amerio）根据仲裁裁决书清算了她的那份资产。随即，刚满33岁的"米歇尔先生"在母亲皮埃拉的陪伴下带领着公司全面发展。

竞争对手在无法抵挡费列罗公司的增长后，展开了价格战，并且向市场推出了小份装的产品。1962年，米歇尔产生了一个现在看来十分正确的灵感：从替代品回到那个以优质原材料、精选的可可和可可脂制作出的巧克力。从此，在阿尔巴中世纪的塔楼上开始弥漫着从塔纳诺河畔的现代工厂里飘出的烤可可豆荚的香气。

意大利和欧洲也已经从战争那几年的饥荒中解脱出来，加上婴儿潮的来临，不得不提供一些新的特色产品。各个地方都需要知名品牌。罗马大学传媒社会学家、广告现象学者劳拉·米内斯特隆尼（Laura Minestroni）在她的《品牌手册》（*Il manuale della marca*）里写道："品牌不再仅仅是保证或者制造商的签名——伴随着每个产品的标记，而是代表着一个能够进入与世界联系的载体或工具。"一个好的甜品，不仅要懂得如何推销它，还需要了解它。怎么做到？通过市场营销和广告活动。

到了这个历史时刻，我们又想起拿破仑——不再是他1806年的那个大陆封锁，而是他作为杰出交流者的能力。因为他知道如何在整个法国乃至整个欧洲传播自己的形象：不仅是青铜半身像和肖像本身，而是让它们成为现代史的第一个标志。广告人西尔维奥·萨费利奥（Silvio Saffirio）在《广告：使用说明》[*Pubblicità:istruzioni per l'uso*，由塞西莉亚·卡萨雷尼奥（Cecilia Casalegno）主编]一书中的评论也支持这一观点："比起那些中世纪贵族徽章混乱复杂的寓意，那个'N'和月桂树叶在本质上其实是很现代的。"

想想，拿破仑的过错成就了能多益（从原材料到商标）的传奇史是件多美妙的事。

2
品牌命名：1964

在古老的教堂里洗礼也曾被称为"照明圣事"。时至今日，商标和企业品牌越来越成为许多消费者的灯塔，代表着个人、产品或者经营的成功。品牌命名，即品牌的建立有一个十分讲究的技术：对语音的象征性进行研究，分析每个单词或字母表里字母的表达价值。谁用它就获得支持，如鼻辅音的"m"和"n"能唤起人们温暖、柔软和缓慢的感觉，能把我们的思绪带回童年。谁知小福利斯特·马尔斯（Forrest Mars）与布鲁斯·默瑞（Bruce Murrie）在1954年将他们的巧克力豆M&M'S投入市场时，知不知道这一说法。从这个角度看，能多益这个名字很完美。

在20世纪60年代初，当人们还不知道关于品牌的价值研究时，费列罗公司的管理层就提出了如何让一个受到消费者青睐，并创造出新消费习惯的超级榛果酱飞向欧洲。十多年来，各个行业也是在摸索中前进。或许是有了个幸运的名字，因而许多产品变成了不朽的神话：如万宝龙钢笔（1910年）、香奈儿5号香水（1921年）、3M的思高（1925年）、雀巢咖啡（1937年）和维斯帕（Vespa）摩托车（1945年）。不可能被遗忘的是世界上最强、最出名的商标——可口可乐，它于1886年5月29日第一次在《亚特兰大杂志》的广告里露面。让-皮埃尔-凯勒（Jean-Pierre Keller）在他的《可口可乐的神话》（*Il mito della Coca-Cola*）里回忆：可口可乐是作为新鲜、振奋人心、倍爽的饮料来介绍的。这些都是由于"奇妙的植物古柯"和著名的可乐果的特性。130年后，再没有人把这个由制药师约翰·斯蒂斯·彭伯顿（John Stith Pemberton）发明的饮料与这些原材料联系在一起，因为品牌无形的力量压倒一切：可口—可乐，人们想到的是（瓶子）形状和聚餐设宴。同样的，一提到能多益，人们想到的是（罐子）形状和由它带来的社交性。两个典型的例子说明成功的商标是如何给产品双重含义的：满足功能需求，但是更重要的是满足文化和情绪上的需要。

有时候品牌命名是精心设计策略下的结果，但有时是随意选择下的结果。根据国际品牌集团的年度排名，世上使用最多的搜索引擎谷歌（Google）与苹果、可口可乐被列为2013年度最有价值的商标。谷歌名字来自数学术语googol。Googol是1后面跟着100个零的数字（10^{100}）。这个术语是由美国数学家爱德华·卡斯纳的9岁小外甥发明创造的。他当时想解释巨大数字和无穷大概念的区别。达能（Danone）这个品牌是法国酸奶中最畅销好卖的，但是谁知道这是一个小孩的名字，更准确地说是他的昵称呢。丹尼尔·卡拉索（Daniel Carasso）昵称达能。父亲送了头批生产的几盒酸奶给他，并在1919年于巴塞罗那注册了公司，之后在法国生产。说到史威士这个属于许多软饮料的牌子，人们会想它可能是一个碳酸饮料的拟声词。事实上，它是一位制造商的姓，这位制造商叫雅各布·史威士（Jacob Schweppes），是德国化学家。他发现一种可以创造带汽水的方式，便于1792年在伦敦创建了自己的公司。

给榛果酱起名及设计其商标的过程或许会显得有些随机，但十分坚定。有时一个"戒律"能激发出天才的想法：在这种情况下，触发点是一条关于食品包装的法律，它涉及超级酱这个商标的合法性。此外，费列罗公司内也有个清楚的认识，那就是取一个全世界，特别是德国和法国都能认同的品牌。

没有榛果的商标会是怎样的

当在阿尔巴读到"条款10"时，他们开始担心了。"在报刊或任何其他媒体宣传或销售活动中，禁止对食品采用可能会使消费者对食品性质、成分、质量或食品本身的营养特性产生误解，夸大其独特的药用效果的名称、头衔、广告语、商标，对其质量或真实性的任何来源进行认证，也禁止使用超出诚信范围的说明性设计图。"这条法规出自1962年批准的"新法律442/63"，且在一年后对其"食品物质和饮料生产、销售的卫生规范"做出了修改。费列罗公司法律部回应道：这条禁令牵涉到超级酱。事实上"超级的"或"特等的"这样的形容词，就表明了一个附加的价值。只有销售产品的质量在客观上与其他类似产品有区别：比如，存在一款吉安杜佳巧克力泥含有10%的榛果，而超级榛果酱含有20%的榛果的情况下，"超级酱"才可以被接受。

在同一时间，人们从德国传来了一条令人欣慰的消息：德国人疯狂地爱上了巧克力，特别是对蒙雪丽。但是费列罗公司的榛果酱还是没能改变他们早上配着果酱、蜂蜜及黄油吃面包的传统饮食习惯，必须创造出一个能令人回味的名字，一个容易发音和记忆的名字。在经理塞维里诺·契尔萨的坚持下，米歇尔也觉得，是时候把超级酱这只丑小鸭变成白天鹅了。那时，人们开始谈论"美凯听"（当时意大利人对marketing的发音）——是一门从美国传来、主张将理念转化到产品里，并把它移交到消费者手中的科学。当时米歇尔召集了许多专家，在黑森和朗格间不断地来回开会。阿米尔卡雷·都利奥提（Amilcare dogliotti）重新讲述了那段让人激动人心的日子："米歇尔先生说：'我们要寻找一个名字，不仅适合德国市场，更适合全世界。'他的信条一直是：至少要给一个大陆的市场，而不只是一个国家的市场制造商品。无论在哪里，包装都要保持一致。为此，当时公司进行了大量的会议、访问和各种对话。想要把榛果和新的名字联系起来，所以选择了英语词根nut和德语nuss。有人建议使用Nussly，但是一想到这只在德国合适就被取消了。"

所取名称坚定地锁定为榛果（英语叫hazelnut或nut，法语叫noisette，荷兰语叫hazelnoot），因为它是土耳其、坎帕尼亚、皮埃蒙特、格鲁吉亚和智利山丘上的珍珠。费列罗公司的命运总是跟这个珍贵的、有益健康的果子联系着。如同往常一样，一些人提出了建议：Nustsy、Nutosa、Nutina，得由"米歇尔先生"做出决定。最后的名字是在法兰克福想到的。米歇尔吃罢晚餐散步回来，进了酒店，对妻子玛丽亚·弗兰卡（Maria Franca）说："你觉得Nutella怎么样？听起来很悦耳，但还是要看看大家是否会喜欢这个名字。"虽然他没有学习过经济和传媒，使用的是简洁的近乎简单的语言，但是米歇尔有眼光，知道要把他的公司带到哪里，知道招贤纳士并集思广益来达到目标。贤士之一就是最近去世的吉安保罗·法博利斯（Giampaolo Fabris），他是意大利Doxa公司的创始人，是对市场进行分析的第一人，是米兰语言与传播自由大学的教师，著有许多书。他这样描述那次的经验："我很早就开始工作了。当时我负责在整个欧洲推广能多益的前身——超级酱，这个新名字刚进入市场测试时，我也刚从学校毕业，才20出头。能够使父亲彼得·费列罗创立的糖果公司突出重围的人是米歇尔。他十分开明，是位产品天才：因为在企业成为跨国公司前他就明白绝不能克隆、复制这一规则。除了费列罗公司产品这个主要因素外，它是企业成功的另一个简单但十分重要的因素。即使那时的精力都集中围绕在如何发挥好被视为费列罗公司优秀产品的蒙雪丽上，但他还是感觉到了能多益的巨大潜力。那个时候，对品牌名称做市场调查还不是条准则。而当时我们对如何让德国、法国和英国的消费者接受这个商标做了精确的分析，了解它是怎样被解读的。在那个时代，意大利的公司（包括那些大型的现代公司）也开始了市场营销，这个战略在今日也不逊色于其他战略。推销广告是由一个米兰图文工作室构思出来的，从一幅很大的宣传画开始，在上面突出了一片涂抹的面包。"

没有榛果，世界将会怎么样？

做好选择后，都灵贾柯巴奇-卡塞嗒（Jacobacci-Casetta）工作室于1963年10月10日在罗马向工业部提出了注册企业商标的申请。中央专利局批准的证书代码为164,196，于1964年3月17日下发。根据《商标国际注册马德里体系协定》，对商标的保护允许扩展到所有的签署国（至今已经扩展到90多个国家，还在不断增长中），所以，能多益商标马上就在国际上推广开了。这样，在1964年4月初，从阿尔巴的办公室下达的由公司高层签署的标题为"能益多"的20号内部文件下发到各个分部及督察分公司。文件前几行写道:"下批超级酱的包装上将会印上能多益的名称。"文中也解释道:"这个更名措施,是考虑到要让欧洲人感兴趣,不仅在意大利,而且要向其他认识我们产品的国家都能够表达一个精确的可以被理解接受的概念……能多益这个名字可以使有趣的广告遍布到更多的地方……目前包装上印有'超级酱'的产品,可以继续生产,直到用完所有纸盒、标签和小包装的库存,大概是到4月20日。"

这就是费列罗公司推出能多益的日期是在春天雨季时的一个星期一的原因。当时,从德·瓦·博尔(De Val Bor)玻璃工厂运来了用来装柔软滑润榛果酱的玻璃杯子。1964年4月20日那天成为里程碑,只是因为在那天美国和苏联签署了删减超级大国原子弹计划协议。意大利那时正处在经济繁荣过后的第一次经济危机中,国内生产总值以每年5%的增长率增长只增长到1963年。不过,民众还是很乐观,并没有停止购买,如宝洁公司的洗衣粉、扎努西公司的洗衣机和电冰箱、菲亚特公司的汽车、费列罗公司的甜品。能多益的到来是件多么幸运的事!

讨喜的字母

三个音节的Nu-tel-la,这个名字不长也不短,刚刚好。这个词的后缀ella也很亲切,带来了好运。它会让英国人想起灰姑娘(Cinderella),会让我们想起成群结队(Comun-ella)的儿童,因为它的元音与糖果(Caram-ella)这个词押韵。确实,就像姐妹(sor-ella)一样美丽(b-ella),也让我们想起很多的美食,如白酱汁(besciam-ella)、千层酥(sfogliat-ella)、熟香肠(mortad-ella)、新鲜淡味奶酪（mozzar-ella），所有词都属于阴性，都可以搭着面包（pagnott-ella）吃，不同于法国人，发阳性词时重音落在"a"上。现在，美国人在玩一个文字游戏：to go nuts about Nutella，意思是为了能多益而疯狂。一位语言心理学家这样说，对于一种能把我们带回小时候享用小点心的食品来说，Nutella这个名字恰到好处。费列罗公司其实早已有使用这个后缀的经验了，比如，费列罗公司有款糖果名叫"Naturella"、有款樱桃巧克力名为"Cerasella"，它比后来占上风的蒙雪丽还更早推出。

现在，必须给注册商标设计一件符合它的外衣、通过徽标的设计让它真正成为企业的代表产品：公司决定后退一步，给新的计划腾出更多的资源，让它成为意大利甜品艺术界里长期畅销的产品。这个决定，也是运用了很多营销理论，到现在都还十分有效。

今天，费列罗公司早已在世界上负有盛名，被认为是所有年轻人都想为之效力的企业。但是在1964年还不是这种情况。费列罗公司在替代品的基础上，以低价产品征服了很多消费者后，又以采用优质的原材料生产蒙雪丽、能多益和多普乐等商标产品来占据高端市场。在这种情况下，以采用产品的名字来做广告为佳，而不是用费列罗公司的名义。

能多益品牌资产——业内人士称之为"brand equity"（品牌资产）中存在两个因素，50年来从未改变过。即使之后经米兰一家公司、卡梅洛·科雷莫内斯（Carmelo Cremonesi）和吉安·罗塞蒂（Gian Rossetti）风格工作室之手设计后，都没有改变。那就是字母（作为徽标的字）和在标签上涂有榛果酱的面包块。科雷莫内斯是平面设计师和摄影师，而罗塞蒂是超写实制图师，他能够把任何食物，从小点心到榛果，从喜糖到薄荷糖都绘制得让人胃口大开。20世纪，从60年代到70年代，所有费列罗公司产品的图像都出自他之手。其风格即使在他（1993年）去世后也保持一致：简单的轮廓、阳光，充满了色彩和乐观精神。抹酱刀、欲滴在手切面包片上的榛果酱和涂满光滑诱人榛果酱的面包让人预先感受到了味觉冲击带来的快感。

在工业设计里，学派领袖要数奥利维蒂（Olivetti）。从1938年开始，他崇尚如画家桑迪·沙文斯基（Xanti Schawinsky）那样采用小写字母来设计商标。1960年，平面设计师、建筑师马塞罗·尼佐利（Marcello Nizzoli）设计了Lettera（信）22型号打字机。当年，他改善了奥利维蒂公司的徽标，并使其树立了品牌标识，直至今天还为人所知。风格工作室深受启发，在那个时候它是首家总部驻米兰的国际广告代理公司，并与在欧洲的国际计划组织和在美国的Grant advertising（格兰特广告）公司保持联系。米歇尔从一个供货商那听说了他们：他们因给Super Trim（超微）洗衣粉、Rhodiatoce（红景天）纺织品及Bertelli（伯特利）公司的创可贴设计和制作广告牌而名声大噪。科雷莫内斯描述道："米歇尔先生是一座火山，整晚不睡，就是为了获得新的想法。他一贯喜欢直接联系。由我们来负责研究徽标和包装。我们设计蒙雪丽小巧克力的包装纸时十分注重细节。因为他想让饰带看起来很精致美丽，给人一种'一份礼物'的感觉。之后是超级酱，我们向他提出几个字体应为红色大写的建议，但是他最终还是决定以小写字母作为商标的设计，在选定了一个全欧洲都认识的名字后，很快就设计出了能多益的徽标。"

风格工作室瞄准了一种中号西文字体（Helvetica）。科雷莫内斯则选中了具有西文中、粗、细一致特点（在那几年十分流行）的字体，都用小写，无衬线（印刷业中叫sans-serif，就是在笔画尾部没有终结的笔触）。就像那些用于许多书里典型的Times字体，因为它让长篇文本看起来更加轻松。而Helvetica字体用于商标更能抓住人们的眼球。这种字体是由瑞士平面设计师马克斯·米耶丁格（Max Miedinger）于1957年设计的，在能多益之后，20世纪70年代时被许多公司选中用于他们的企业徽标中，比如，明尼苏达矿业制造公司（3M）、宝马公司、吉普公司、松下电器公司、利乐公司、丰田公司等众多品牌徽标。

一种涂抹在面包上的乐趣

在一开始，罗塞蒂将一块涂满了榛果酱的面包摆放在杯子上。其广告语是："一种涂抹在面包上的乐趣。"它与巧克力不一样，因为妈妈们对它很放心。面包和能多益是个二项式，米歇尔对此从没质疑过。加了涂抹这个过程后，小朋友再也不可能只吃巧克力块而不吃面包了[1]。用今天的话来总结就是，得感谢这个可靠的营销组合方案。吉安保罗·法布里斯（Giampaolo Fabris）对这关键的一步做出了解释："改善了意大利人对巧克力的印象，不再是那一块四四方方的、黑色的、昂贵的甜品，而是一种可以涂抹在面包上的酱。费列罗公司产品用的牛奶就像妈妈做的面包一样健康有营养，如同那句出名的广告语——'含有更多的牛奶，更少的可可。'还写着'保存蔬菜'，读起来就像对产品的安全性提供了保障。这是一个十分聪明的选择，因为当时意大利人跟巧克力的关系十分紊乱。它被认为是特殊场合的食品，并且偏向认为它对身体不好，特别是对儿童。"

---

[1] 在涂抹酱出现前，意大利人一般把巧克力块夹在面包里吃。

那时，意大利还是一个十分信奉天主教的国家，对美味的喜爱被视为一种罪过。都说巧克力"太上火""会长青春痘""会产生蛀牙"，虽然医学证明这些都是偏见，可是这些思想已根深蒂固了。然而，有了涂抹这个过程就打破了所有的疑虑。能多益里可可成分可能带来的负面影响，被面包（的出现）驱除了。当时的广告并不仅仅着意于把它当作一款休闲点心，而是指出早餐才是消费最佳时段之一。广告是这样说的："早上享用能多益，就是享用一份含有糖、榛果、牛奶和可可味道的优质早餐，给你一份自然馈赠的健康；涂抹在面包上品尝它，给你带来好心情；早上食过能多益，疲劳不见，工作更加高效率。"

最后，也不要低估了最初选择用专门的杯子来分装能多益的这个决定。原因有两个。第一个原因是：提供给所有家庭一个分量较少的包装，价格不高，目的是让他们改变原有的吃黄油、糖或者自制的果酱的早餐习惯，开始尝试着在早上"涂涂抹抹"。第二个原因是：给消费者带来实惠，当涂抹的榛果酱吃完后，包装杯还可以继续使用。

在六边形玻璃杯亮相后，14种不同类型的杯子也很快地向市场投放完毕：用来喝水的、喝葡萄酒的、喝啤酒的……所有的杯子都可以很好地再次利用。就这样，那些用于包装的玻璃杯在那几年慢慢地越变越漂亮，出现许多颜色。一系列杯子的图案也更新得很快。无论是早餐、午餐还是晚餐，在意大利家庭的餐桌上都能找到能多益杯子的影子：这是对这款产品永恒的记忆。黄的、红的或蓝的，那些不同颜色的杯子也常在收藏者之间交换着：因为一年也就向市场发放一两个系列杯，每个系列都有不同的款式。在50年的历史中，可以计算出大约有700种或800种不同的玻璃杯从费列罗工厂里运出。所以，可以大胆地肯定，每个意大利人至少用过一次能多益的杯子喝东西：美好的回忆藏在那棕色的橱柜里[1]，藏在海边或山里[2]的屋子里。

在推出具有独特弧形的罐装一两年后，杯子就成了能多益的象征，就像采用赫维提卡字体，并且在红色的字母中用了黑色的字母"n"更彰显它的权威性、吸引目光那样。在公司里，人们叫它百利金罐子，因为它跟墨水瓶相似。当费列罗公司开始发觉杯装不足以准确地定位产品时，就开始推出罐装。因为任何人都可以运用相同的方法，把一个类似榛果酱的产品灌装在玻璃中与能多益展开竞争。所以，有必要创建一个能彰显身份地位的外包装，必须"缝制一件外衣"来装饰这个没有形状的美味。因此，他们设计了一个环绕形的光滑的罐子，并且即使使用刀具和小勺子也能很方便地取出榛果酱。刚开始，百利金罐子并没有像今天一样卖得好（占总比例的70%~80%），而是它的反比例（20%~30%）。但它成了非常重要的广告手段，就像可口可乐的玻璃瓶装一样。

从1964年给它取名开始，费列罗公司通过市场营销组合、包装和传媒这三个关键因素取得了巨大成功。它们一直着眼于消费者，能马上察觉到消费者对能多益的评价。一开始，它们通过合理分量的包装，采用"饮食"这类营销方式，而不是关系式或社交性营销方式。当时，尚未建立起消费者对其产品的热衷度。但是，当消费者强烈地展示出消费苗头时，费列罗公司早就做好准备去捕捉它，将它发展得更好，并且适应流行品味，即具有时代精神。

---

[1] 意大利厨房很常用的橱柜。

[2] 去海边或山里是意大利人喜欢的度假方式。

3
神话：1994

符号学家乌戈·沃利（Ugo Volli）教授在自己定义的"愿望的社会"中指出，一些商品被创造出来是让我们幻想的。但是，根据美学教授富尔维奥·卡尔马里奥拉（Fulvio Carmagnola）和语言学家毛罗·费拉雷斯（Mauro Ferraresi）的尖锐分类[见《膜拜商品》（*In Merci di culto*），1999]，这些并不都能成为神话，只是上升到"超级商品"或成为膜拜商品。古希腊语Mythos意为神话或故事。在古典神话中，流传着不朽的故事：阿佛洛狄忒（Afrodite，在罗马神话中被称为维纳斯）是生于海水泡沫中的女神，象征着美丽；狄奥尼索斯（Dioniso）是葡萄酒之神，也是纵欲之神；迈达斯国王（Re Mida）能带来财富；伊卡洛斯（Icaro）是人类自负的象征。所有都可以成为神话吗？是的，符号学之父罗兰·巴特（Roland Barthes）回答道，因为每件物品都可以从一个沉默的存在到一个"语言的状态"。"神话是一种传播体系，是一种信息。"（《神话学》，1970）。能多益经历大约20年的时间成为意大利人的神话，在1984年的书和电影中，被视为创意的小火花。又过了10年，企业传媒采用了那句印在我们共同记忆里的广告语："没有能多益的世界将会怎么样？"

为什么一个成功的品牌转变为神话需要时间。在技术领域，这个过程会更快。就像智能手机，我们当中的许多人少了它就活不了。或是几款汽车，有时还是复古怀旧风的，如迷你米诺（Minor）、大众甲壳虫、菲亚特500。但是，不要混淆怀旧和文化情感价值这两个概念，因为文化情感价值能够超越使用价值。对于食品，在设计阶段和新产品推销阶段，就算我们采用最精确先进的技术，通常也无法预知消费者对产品的接受情况。好比可口可乐、品客薯片、卡夫芝士片、和路雪圆筒冰淇淋、珍宝珠棒棒糖、马提尼的味美思、佩鲁吉娜芭喜[1]巧克力，等等。还有大量的产品，由于口口相传变成了我们这个时代的图标。摄影师奥利维耶罗·托斯卡尼（Oliviero Toscani）在《酷品牌》（*Cool Brands*）一书中收集了从意大利市场超级品牌里精选出的最酷的品牌，其中就有能多益——书的"前言"里这样写道："没有一个大品牌是从'所有人都喜欢'的平庸推测中诞生出来，而是由个人或小众做出的质量肯定和它的驱动力，随着时间的推移本能地传播到每个人。"

品牌应该有文化和大脑维度，即通过名字、标语、徽标、包装和广告传媒把它刻在人们的大脑里。有时候只需要图案，比如，耐克的象征——"嗖"的一声，麦当劳的金色拱门，苹果公司的苹果，雪铁龙公司叠加的两个箭头。有时需要有与时俱进的想法，特别是对一些有期望值的零售品牌而言，这是再正确不过的了：食品超市——天然食

---

[1]　巧克力制造商，芭喜（Baci）为音译，原词意为：吻。

品和有机食品的美国连锁超市；星巴克——年轻人最喜爱的咖啡店；Eataly——于2007年在都灵由奥斯卡·法利内（Oscar Farinetti）创造；Grom冰淇淋店——"没有乳化剂、色素、调味剂和防腐剂"。然而在另一些情况下，一个品牌的成功来自市场营销组合策划，也就是所有因素的集合，比如百味来在1975年推出白磨坊品牌的饼干（也就是在那段时间变成美国资产）。20世纪90年代，广告制作竟然转向了旅游胜地，如朱塞佩·托纳多雷（Giuseppe Tornatore）在锡耶纳（Siena）省丘斯迪诺（Chiusdino）的古老磨坊拍摄了广告。糖果公司的现任首席执行官乔万尼·费列罗（米歇尔的小儿子）本身也十分关注这个方案，在他1990年写的《市场营销项目2000》（*Marketing Progetto* 2000）中有这样一段话："白磨坊在市场化运作之前，首先是开始文化上的运作。精确地说，白磨坊之所以能进行十分重要的市场化运作，是因为它之前就展开了文化运作。因而，对比传统的市场营销理念，白磨坊创造了一次广告革命：它并没有展现大量的甜品或瞄准商品的配方和成分，而是提出在市场上进行价值设定，创造一个象征性的、出乎意料的食品世界，并用甜美声音描述出来。其实也因为采用了柔软的包装袋——就像面包师曾经用过的纸袋一样，白磨坊从简单的符号转变成了优质、健康、自然的象征。"

为什么一个产品变成神话还需要其他东西呢？因为它不仅要享有盛名，还要受人崇敬。我们所谈论的产品并不是什么流行品，也不是身份的象征；不是畅销品，而是长销品。吉安保罗·法布里斯在1995年1月30日《共和报》中这样描述它们："成为让人膜拜的可能是一个品牌，比如法拉利，或者是一个单品、一种款式［如休伯家（Superga）帆布鞋2250］。"有时候受到崇拜的物品传播得特别有限，有时候却上百万件地销售着它们，比如能多益或斯沃琪（Swatch）。要了解有关能多益的现象，就需要知道膜拜商品可以引起并且保留这种感情共鸣，即使跨越50年。卡尔马尼奥拉（Carmagnola）和费拉雷斯（Ferraresi）也搬出了卡尔·马克思在《资本论》中对商品拜物教的特征做出的定义："最初一看，商品好像是一种很简单平凡的东西。对商品的分析表明，它却是一种很古怪的东西，充满形而上学的微妙和神学的怪诞。商品就它的使用价值来说，不论从它靠自己的属性来满足人的需要这个角度来考察，还是从它作为人类劳动的产品才具有这些属性这个角度来考察，都没有什么神秘的地方。很明显，人都是通过自己的活动按照对自己有用的方式来改变自然物质的形态。比如，用木头做桌子，木头的形状就改变了。可是桌子还是木头的，还是一个普通的可以感知的物。但是桌子一旦作为商品出现，就变成一个'超感觉'的物了。它不仅用它的脚站在地上，而且在对其他一切商品的关系上用头倒立着，从它的木脑袋里生出比它自动跳舞还奇怪得多的狂想。可见，商品的神秘性质不是源于商品的使用价值。"

产品的神化性质取决于它的使用性和它的质量。但是对能多益来说真是这样的吗？并不全是。诱人的香味、柔软的涂抹酱，就像巧克力的魔法世界向你召唤（虽然它并不是巧克力），是每天早餐不可少的美味。它作为兼具食品的特征与神话的内涵：涂抹在面包上的记忆，能平息每日焦虑的理想化的罐子、美味的圣杯。如果不是这么好吃，也不会有今天的这番景象。另一方面，神话需要仪式来传播。事实上，因相同信念而聚在一起的人们，因为能多益而欢聚一堂；在社交网络上，人们相互交换着"膜拜仪式"[1]；出现了象征性的物件，如衬衫、小帽子、平时用的物品（如鼠标垫、杯子和烤面包机）；有着这种唯一信条的人们在网站上建立起协会（如巧克力协会等）。

用马歇尔·麦克卢翰（Marshall McLuhan）的话解释是，在这玻璃罐上升为一个神话之前，它是一个信息。电影导演、戏剧作家、艺术家、歌手、作家、记者和政治人物在这50年里恰如其分地运用能多益来展示美味、幸福、回忆、共享。

莫雷蒂和卡西尼的大罐子

1984年是关键的一年。当30岁的南尼·莫雷蒂（Nanni Moretti）把能多益变成了一个人人希望得到的巨大偶像时，纳泰拉刚好芳龄20。在意大利婴儿潮一代人的心目中，电影《比安卡》（Bianca）里有一段30秒的场景，堪比他们经常在对话中引用的莫雷蒂的经典台词，就像电影《注视大黄蜂》（Ecce bombo）中的"随便走走看看"。由导演饰演的米歇尔·阿比切拉（Michele Apicella）老师恋上了他的同事比安卡［劳拉·莫瑞特（Laura Morante）饰演］。他们在翻云覆雨后，陷入了深深的迷茫和内疚中。为了克服这种情绪，晚上，他一个人裸露着身体在厨房里吃着面包和能多益。一个高达1米的大罐子（没有标签，但是可以看出是哪个产品）放在桌子上。在安静中，阿比切拉-莫雷蒂涂了一片面包，哼哼唧唧地叹着气，嚼了两小口。这种

---

[1] 这里指如何享用能多益。

夸张的手法也被运用到《四月》（Aprile）的拍摄中，当时主人公在选举失败后用巨大的烟斗抽起了卷烟。这是对他慰藉的物品在意识上的自虐暴食的放大，但不跟另一个他爱的美食混淆，该美食就是萨赫蛋糕（Sacher）。

因此，在《比安卡》电影中出现了萨赫蛋糕和能多益的较量。阿尔贝托·阿布露泽斯（Alberto Abruzzese）在1995年8月10日《信使报》（Il Messaggero）上的影评中这样解释了这种对比："如果榛果酱是营养的、柔软的、地中海风情的、令人快乐的，那么维也纳的甜品则是中欧式的、较为坚硬的象征。"当榛果酱开始被销售时，南尼·莫雷蒂才11岁，所以它扎根在他的童年记忆里。这个导演不爱谈他的电影，但是有一次在罗马与学生会面交谈时，他说能多益让人觉得它是一个有着可以走向全世界护照的国际青年。他还打趣道："在巴黎人们问我：'在意大利能多益也是这样出名吗？'"

几年后，法国《快报》（Espresso）杂志的戏剧评论者、记者丽塔·茨里奥（Rita Cirio）创作的名为《质量，意大利物品的场景（1990）》（Qlualità,scènes d'objets à l'italienne）一书出版了。该书介绍了七十来个意大利人日常的符号象征：法拉利、奥利维蒂22、摩卡壶、比萨饼、帕马森干酪、意式肉肠、面包棒和能多益。"如果一个流行艺术家想要画文艺复兴宴会的现代版，自然会在奢华的餐桌上出现一些大众消费的食品，以此来展示国际范：金宝汤、滴着血色番茄酱的汉堡包、一小瓶气泡十足的可口可乐，最后以入侵美国小部分食品领地的甜品能多益压轴。"在回忆莫雷蒂的电影后，丽塔·茨里奥接着说："整代人都是在它那恰似巧克力而非巧克力的味道下，感触那柔软的质地，品着那一丝香浓甜美成长的：它是普鲁斯特可涂抹的、外加集体社交性的马德莲娜（madeleine）。"马德莲娜出自马塞尔·普鲁斯特（Marcel Proust）《研究》（*Recherche*）一书。该书提及：他在孔布赖市的姨家品着玛德莲娜，喝着茶。

在众多能多益成功的原因中，值得肯定的是，它始终将与童年记忆的联系摆在第一位。当然，这个也还得取决于年龄。事实上，作家翁贝托·埃可（Umberto Eco）发表在1990年12月9日《快报》杂志专栏上的《密涅瓦的小袋子》（*La bustina di Minerva*）一文，其中评论了丽塔·茨里奥在一篇标题为"如果能多益是普鲁斯特的奇遇"（Se la Nutella è un'avventura proustiana）中的诠释。他坦白道："对于像我一样在战争前是小孩的人来说，能多益并不是我们的神物，也没有觉得有哪些地方像普鲁斯特的奇遇。但是我想，对我的孩子来说或许是。"

在前两个艺术诠释中，能多益成功的特点被浓缩了：它是跟面包有关系的甜品，有着平复心情、克服困难的功效，是对儿时小点心的回忆。符号学家欧玛·凯拉布利斯（Omar Calabrese）称它为"一抹美味"。

1993年到1994年间，一位在餐馆、酒吧等场所表演喜剧的演员绘制的小本连环画使得能多益的声名经久不衰。该演员就是理查德·卡西尼（Riccardo Cassini），如今是广播电台和电视台的著名作家，曾与菲奥雷洛（Fiorello）、帕纳列洛（Panariello）及其他艺术家一起合作过。他的两部作品一共销售了100万册（一册1000里拉），取得了出乎意料的巨大成功。其原因就是：第一部《能多益传》（*Nutella Nutellae*）模仿古语，以"用膳"等诙谐幽默语句来叙述；第二部《能多益2-复仇》（*Nutella 2 - La vendetta*）运用半桶水般的意大利式英语来描写，其用古文引言十分出众："先帝创业未半而中道崩殂，今能多益三分：

其一，塑料盅；其二，玻璃杯；其三，大罐（大罐虽好，但不及小罐）。"2001年，根据这个文本，安东内洛·莱尔达（Antonello Lerda）大师竟然将它排成一部歌剧《能多益大合唱》（*Nutellam Cantata*），并搬上了舞台，有男高音和中音演绎，模仿巴赫、斯特拉文斯基（Stravinskij）和科特·威尔（Kurt Weill）的幽默风格。

绘画和音乐的缪斯

由于媒体和技术的发展，每一个品牌都具有一个新的能力：能评估预期的销售量。特别是在如今的因特网和社交网络时代，生产和销售并存于一个模糊的空间。今天通过不同的参数计算一个品牌价值，第一个参数就是品牌意识，即消费者对产品的认知度。它是根据当人们看到这个品牌时的反应：是否能认出它；当人们想到一类产品时，是否会自然地想到它（能多益与能涂抹的酱之间的联系几乎是自主性的）；是否将它排在下意识的第一位，而最终成为这类产品中的主导品牌。就好像爵士（Jacuzzi）按摩浴缸、思高胶带和舒洁生活用纸，等等。自然，就像都灵大学的管理学教授埃琳娜·筊得洛（Elena Candelo）在她的《品牌管理》（*Brand Management*）一书中的主张：有时品牌被引用也并不是制造商想要的。就像南尼·莫拉蒂和理查德·卡西尼的引用，他们侧重强调了暴饮暴食式的消费，而不是像费列罗公司传媒广告中提出的健康营养的正规饮食。

能多益成为艺术界的"缪斯"，其品牌价值就很自然地增加了。20世纪90年代的画家和音乐家在他们的作品中引用了它，给它戴上了神话般的光环。这类趋势的艺术先行者是安迪·沃荷（Andy warhol）。他在

1962年展示了作品《大金宝汤的能耐，19美分》（*Big Campbell's Soup Can,19 cent*）。在法国，费列罗公司也持续多年采用了沃荷式但颜色处理为过度曝光的能多益图案。画家们认为，食物总是如此勾起人们的回忆。想想这样的情形：16世纪末，朱塞佩·阿尔钦博托（Giuseppe Arcimboldi）用水果和蔬菜来勾勒人脸、让-艾蒂安·利奥塔尔（Jean-Étienne Liotard）让漂亮的巧克力女孩捧着一杯热的巧克力。有时，这些行业确实非常需要靠艺术家们为其产品进行创作。比如，1919年，佩鲁吉娜聘请了费德里科·塞内卡（Federico Seneca）来担任广告部的艺术总监；20世纪30年代，阿佩罗[1]品牌采用了佛图纳托·德裴洛（Fortunato Depero）的天才见解，给其开胃酒做广告。

在费拉拉（Ferrara）的钻石大楼里为一群受到流行艺术影响的画家举办完画展后，1991年那里又迎来了名为"神秘的能多益"展会，该展会旨在展示"艺术神秘召集，回到童年时光"。而第一个真正意义上的能多益庆典是在5年后的巴黎，在卢浮宫卡鲁塞勒画廊里举办了主题为"能多益一代"的展览（为了庆祝榛果酱在法国上市30周年）。在展览目录中，可见到许多30多岁的艺术家的作品，如菲利普·德库夫莱（Philippe Decouflé）、卡侯和热内（Caro et Jeunet）、克里斯汀·嘎沃伊乐（Kristian Gavoille）和弗兰克·马尔日（Frank Margerin）等，还可见到由拉·吉图恩（La Guitoune）设计的一台十分有启发性的"涂抹面包机"——一台自动将酱涂抹在面包片上的机器。小朋友特别喜欢这个互动美味的有趣游戏。还有，舞者托尼·维格多（Toni Vighetto）在一

---

[1]　口利酒品牌。

个巨大的牛角面包的顶部向大家表演杂技节目。之后，帕特里斯·费拉斯（Patrice Ferrasse）还玩了一个打电话的文字游戏："Nu t'es là?"（读音与Nutella十分相近，但是意为你裸体吗？）

那些年，佛罗伦萨诞生了一支名为"苏西喜欢能多益"（Susy likes Nutella）的摇滚乐队，其第一张专辑在1994年面世，命名为《粉色的恶笑话》（*Pink Evil Jokes*）。之后的1995年，有两个著名的原创歌手，即乔治·嘎贝（Giorgio Gaber）和雷纳多·泽罗（Renato Zero），前者很受有文化知识的观众喜欢，后者则被其关注者认为是流行音乐的灵魂。两者都把能多益创作在其歌曲中。乔治·嘎贝在他的歌曲《左右》（*Sinistra-Nestra*）里唱道："能多益还是左倾，但是什么是右翼？什么是左翼……"

在专辑《脆弱的花朵……利万》（*Fragili fiori...Livan*）中，雷纳多·泽罗跟他的朋友易万·格拉兹阿尼（Ivan Graziani）在《你姐姐的能多益》（*Nutella di tua sorella*，唯一两人合唱的专辑）歌曲中，把榛果酱当作毒品的解药："不要毒害你自己，去造物主那要能多益。"

写进历史的广告语

"罐子-爱"这一对二项式开始发挥作用了：它们是性的召唤，是分享的时刻。但是，市场营销战略制定者并不打算以这种模式去推销它。因此，在一长串广告后，从皮诺·托里内塞[1]传来了一个准确

---

[1] 意大利的一个市镇。

投入方向：改变轨迹，把它从一系列妈妈的广告——"妈妈你是知道的"，或致力于体育的广告——"做事的能量"中解脱出来。能多益聚会变成了习惯，在讽刺周刊《心》（*Cuore*）中，装有可涂抹酱的罐子被视为是值得好好生活的原因之一。它需要一个更合适的传媒来提高知名度。

从这个考虑出发，费列罗公司产生了让广告代理公司制作宣传报道的想法：必须从能多益的功能意义上知道描述它的心理价值，让它不仅在现实中接近消费者，比如把它当成早餐或休闲点心，更要在情感上接近消费者，要让这种情感看得见，在几年内成为一个"公共话题"。这对广告公司来说，的确是个艰巨的任务。所以，费列罗公司委任了NOJ广告公司持有者弗尔维奥·纳尔迪（Fulvio Nardi）来开启他的"复制原则"。（弗尔维奥·纳尔迪在1985年曾创作出一则关于PIC无痛注射器的广告，并因此出名。这则广告词是一个小女孩在注射完后所说的话："已经打完了？"找一个正确的思路，并且用简单几个字去阐释一个新的概念，这并不容易！其实是一个10来岁的小孩启发了他。）这也使纳尔迪决定，在那时间紧张的几天里去拜访朋友。朋友用"一个要拍能多益广告的人"的头衔将他介绍给自己的孩子。这个愉快的话题一下就让孩子们产生了共鸣。他向孩子们提了个问题："如果世上没有能多益，你们会怎样？"一个小朋友一想到这，垂头丧气地说："那将是一个不一样的世界……令人悲伤。"这时，纳尔迪突然有了灵感，想到了寻求已久的广告词。费列罗公司通过了他的提议，于是开始着手制作这则广告。

在广告中，传来画外音："如果我说能多益，你想说啥？"回答的是一位信心满满、让人印象深刻的妈妈："啊……昨天早上孩子们起床后想要准备早餐。老大切面包，老二涂上能多益，小的嘛……在一边帮忙。以这温馨的方式开启了美好的一天。能多益就是这样，总是有些特别。没有能多益的世界将会怎么样？"通过这种方式，正确"饮食"的消费观与最新获得的神秘光环合二为一。仅几年后，导演杰克·皮科洛（Jack Piccolo）拍摄了一个片段，还是用了同样的广告语。但描绘的是：在乔治生日那天，一群朋友在他家办了个能多益聚会，想给他个惊喜。这个惊喜就是：一个女孩手里拿着插上许多蜡烛的涂满了能多益的长长的面包。

在亮相30年后，能多益变成了一个意大利神话。它是一个悖论：绝对的家族私有财产，有着不可外露的秘方，但是又因成为"至爱品牌"而成为集体的财产，被百万消费者喜爱。

第二章
能多益的社交

4
甜美的广告

当人们试着跟某人谈起能多益时，对方的眼睛会发亮，脸上或许会露出笑容，并叫喊道："啊，能多益……"这何尝不是广告场景重现啊。可是，就对方脸部的肌肉这小小的一动，就凝聚着费列罗公司50年来对麦卡锡和科特勒"4P"市场营销组合理论的投入：提出了一个有效"促销"，维持一个与质量相比的合理"价格"，维系着一个与销售渠道（即分销、销售点）的关系，对产品在保留忠诚度上有三点绝不动摇：

口味和质感，包括秘密配方成分和现代加工技术；

百利金墨水瓶似的玻璃罐子，它是20世纪60年代的创意，保证了它的识别度和真实性；

品牌徽标，与面包、榛果和牛奶杯子的结合象征着自然性。

在过去的50年里，能多益作为一种用来涂抹的酱的品牌，其产品一直保持着它的原貌。这是能多益成功的第一个秘密：在这个所有事物都在变化的年代里，社会表现出流动、易变及不稳定性，而能多益从未改变过自己的身份，即使消费量下降也没有给品牌造成巨大问题。尽管从2008年开始经历了持续的全球经济危机，但能多益仍保持着它的位置，而且其收入还在不断增长。

能多益青春常驻的原因是：保持"最新鲜"，因为它用推销生命周期代替了产品生命周期。它是甜品艺术的阿尔托洛·布拉凯迪[1]、甜品店的《豹》、来自大众市场美食界的胡皮尼[2]。不过，它的主要目标没有改变。不仅如此，企业特色产品也力求达到这个目标：避免成为季节性销售的产品，就像巧克力块、潘妮朵尼或复活节的彩蛋。为此，超级酱一来到食品杂货店的货架，就显示了它的超能量。而当能多益涌进食物店铺时，费列罗公司试图把它作为一种食品，而不是让人贪嘴暴食的零食，目的是促使人们习惯性地购买它。由于它适应能力强，所以在市场的渗透指数十分高：在12个月内，有80%的意大利家庭购买它；而计算48个月的数据时，它几乎全面覆盖，购买家庭高达96%。但是，并不像费列罗公司期盼的那样，并不是所有人都买费列罗公司的榛果酱：一些家庭15个月才购买一次。这也是市场营销组合主要目的之一，就是让消费者把能多益列入他们的购买清单里。通常要取得的效果是，顾客在超市看到货架上的能多益罐子时，进行了冲动性购买。对此，于市场营销来说要做的事有两件：第一件是最大限度地布置好促销点、促销人员、包装形式等，第二件是必须不断唤起顾客对品牌的记忆。

---

[1] 魔术师。

[2] 意大利人在圣诞节吃的甜品。

只有这种精心的战略部署，才能够从顾客那里赢得坚定不移的忠诚，而且在其他食品身上很少用到。史蒂夫·乔布斯在苹果公司的新产品发布会上说了一句可载入史册的话："用我们微小的方式，让世界变得更美好。"他的产品成为身份象征之前，被认为只是一种可以一直连接信息和朋友的工具而已。彼得·费列罗和他的继承者（儿子米歇尔和孙子小彼得、小乔万尼[1]）的观点总是一致：只用他们的产品跟消费者说话。在20世纪60年代，给超级酱做的广告之一就是：在1962年，歌手米娜（Mina）表达的"费列罗，真的真的，我们的生活，更美好了"。

线上和线下

当米歇尔在30岁管理父亲创立的公司时，在阿尔巴流传着这样一句简单的话：销售，销售，销售。当时，还没有今天的先进技术，在法国人发明的广告牌世界里，大幅海报才刚风靡就出现了电视广告，由此商业进入广告时代。直到商业广告节目《卡洛塞洛》[2]的出现，电视广告才成为费列罗公司优先的投资项目之一。

米歇尔先生亲自负责广告，就像他以前负责对包装盒上的能多益进行命名一样。20世纪70年代，皮诺·托里内塞为了能控制整个项目

---

[1] 为了与费列罗公司的彼得·费列罗和乔万尼·费列罗两位创始人区别开来，本书称米歇尔的两个儿子分别为小彼得和小乔万尼。

[2] 该节目从1957年2月3日开始，在晚间新闻结束后播放，于1977年被广告取代。

（从想法到生产）周期，做到严格保密，就设想成立一个广告部，即Pubbliregia（出版）；20世纪80年代，在私人广播电台刚开始传输、决定媒体策划前，Pubbliregia广告部都会先制作出两三个广告版本，在意大利不同测试地区的当地电视台播出，然后通过快速调查，采用一个更受欢迎的版本。而后那个版本就会在全国范围内播出。费列罗公司广告部那时还是意大利广告公司中最国际化的一个，拥有来自全世界的专业人士。其中，就有欧内斯特·迪希特（Ernest Dichter），他是奥地利裔美国心理学家，是研究解释消费者需求的"焦点小组"的创始人，被认为是动机研究之父。

那时，还是由品牌控制着媒体。众所周知，广告的语言是英文，而广告商喜欢用缩写词。直至媒体数字时代的到来，企业的投资常规上分为两类，（缩写为）ATL（above the line，线上）和BTL（below the line，线下）。它们起源于会计语言："线上"费用指项目投资，是资本输出，放入财务预算里；"线下"费用指经常性的开支，所以要低得多。不过，还存在另一个缩写词TTL，意为"即将通过全线"，是机构和他们的客人采用的一种整合传播的方式。总而言之，ATL指的是没有细分的大众营销传播（广告、电视、电影、报刊、海报或最新的网络）；BTL指的是个性化营销传播，瞄准的是具体的目标（赞助、公共关系、直接营销或销售点促销）。

目前，在数字化时代，流行的缩写词是PESO［paid（付费）、Earned（赚到）、Shared（共享）、Owned（自有）四单词首字母合写］。媒体被细分为四类：付费、赚到、自有和共享。

付费媒体是经典的广告投放空间：电视广告、报纸广告、广告牌。一些公司为其品牌知名度"付费"，被认为是达到预期目标十分有效的一种方式。

赚到媒体是"赚来的"渠道，因公共关系的行为而在媒体里产生，是报告和评论提供的一种外部支持。

自有媒体是公司"自己拥有"的传媒方式，直接管理：官方网站或博客、时事报或企业宣传报，或者社交网络账号，比如优兔或脸书网站。它是允许持有者完全掌控品牌管理的工具。

共享媒体是品牌通过社交网络"分发"内容，就像脸书网站的账号或推特、优兔的视频：公司可以决定内容，但是播放平台可以改变规则及其功能；它还是很有价值的，因为可以直接触及消费者：在过去叫作"口碑"，现在叫作"口碑营销"。

能多益真正的秘密就是，在这些缩写词开始前就已经知道如何运用它们：一开始就投资了ATL，一直持续到20世纪90年代。当BTL到来时就采用了体育赞助：先是赞助篮球比赛，之后主要是赞助足球比赛，不仅在意大利国内，在欧洲冠军杯上跟意大利、法国、德国的国家队都签订了赞助协议。费列罗公司有远见地做了精确的区分：每个体育项目都有一个该公司的产品。赞助一级方程式赛车与法拉利跑车时所打品牌为嘀嗒糖；赞助女子高山滑雪国家队，之后也赞助男子队（只跟一个滑雪队）时所打品牌为口袋咖啡（Pocket Coffee）；赞助环意自行车赛时所打品牌为夏日茶[1]；赞助排球、击剑和跳远的冠军时所打品牌为健达。

费列罗公司从2003年开始自主推出在线社区网站MyNutella.it（我的能多益），转向了新的传媒方式PESO。在付费媒体和自媒体间平

---

[1] Estathé，费列罗公司品牌之一。

衡，从而使其最大限度地从赚到媒体和共享媒体那里得到回报。

品牌内容

很多专家都认为品牌是一种作为"社会化机构"的媒介。但是它要传递什么内容呢？今天的能多益并不仅满足于营养的需求或感官的享受，而是在消费者心里产生情感，建立同理模式。然而在20世纪70年代，通过自上而下的沟通方式只是让妈妈们了解了产品的营养价值。

策划广告的首要规则倾向于，尽可能准确地对产品定位及挖掘潜在消费者。"定位"这个概念是在20世纪80年代才作为市场营销语言开始使用的。伯克利大学教授林恩·艾伯萧（Lynn Upshaw）在《塑造品牌特征》中指出："品牌定位就是，根据品牌的承诺和带来的福利，消费者或潜在消费者对品牌在市场竞争过程中所形成的印象及在心目中的位置。"

20世纪60年代，意大利企业从前工业化和农民阶段不断走出来。榛果酱是创新的现代化特色产品，可以取代被认为是过时了的果酱或蜂蜜。能多益的定位是有营养的、新型的、健康的、由天然成分组成的产品；1973年，通过运用介绍如何使用的宣传图片，能多益成为"一个经典的食品"。其广告词是这样说的："你知道可以用多种方式来品尝能多益吗？涂在烤面包片上、午餐后的水果上或画龙点睛地使蛋糕变得更加美味。"最后一句话是："在众多美食中，面包和能多益始终排第一。"

说到目标，比起小朋友，费列罗公司更想说服妈妈们来购买产品：在多年的广告中，是她们替孩子把能多益涂抹在面包片上。而从

1988年开始，有关妈妈的广告消失不见了，呈现在镜头里的是一个小朋友单独吃早餐的特写——他拿起餐刀涂抹美味的场景。在同一时期的另一系列的广告中，镜头里的小朋友被青年人取代：他们在山里攀登或进行帆船赛。在品牌价值里加入了另一个十分重要的主题：社交。

通过广告语"没有能多益的世界将会怎么样"，能多益的市场目标从1994年开始大众化。因为该产品特征已为大家所认识和接受。它想表达的是榛果酱适合所有人：如果没有它，所有人都会觉得缺少了什么重要的东西。

因为能多益一贯不变的品牌内涵，消费者熟悉它精确的个性，费列罗公司管理层才能通过不断努力建立起它的"品牌标识"：

与面包的联系，已经凸显于最早的广告里———一块木质切板，上边放着一个面包条、一个面包块、一把餐刀、两串麦穗和三朵小雏菊花；

与童年的联系；

与作为天然健康原材料的榛果、牛奶、少量可可的联系；

食早餐和饮下午茶时是消费的主要时刻；

榛果酱给儿童和成人的身体活动提供"良好的能量"；

产品的独特性，不与其他产品"混淆"；

味道，意为"营养自己的乐趣"。

从图片、语言、应用的技术方面来看，能多益广告保持着一些严格的规定：

一般不瞄向演员或电视里出名的面孔做见证，因为他们认为品牌更重要；

在能多益帝国里最常见的见证人是体育冠军：在1991年的广告里

出现了托托·斯基拉奇，他曾是尤文图斯足球队和国际米兰足球队的前锋，于1990年的世界杯比赛中出名——不管结果如何，他都与国家足球队一起让意大利人激动不已；

建议用动画的角色更没什么危险，比如20世纪70年代的好心巨人和雀鹰乔·空逗；在最近时期，在自己的官方网站的说故事平台上，公司开发出品牌内容营销方式：创造在品牌的童话世界里、在圣诞节的气氛中各个人物的故事，并最终有了幸福的结局；

使用简单明了的语言，没有使用什么特殊效果，这种方式在今日的汽车和手机广告中十分流行。

广告周期

从1964年以来，能多益品牌就一直保持着榛果酱的"感觉"特征不变，其间也对"超感觉"做过几次不同的尝试。该产品确实是个创新，之后还能做到根据社会的变化以不同的方式出现在市场上。传统的电视广告尽力让消费者触及两种不同方式的刺激：感性和理性。广告主要针对人们的感性，引导人们产生冲动，以致对产品特性不加思考，径直采取购买行动。然而，如果广告针对人们的理性，就会让人对产品的内在质量进行思考：到底有什么用，或可以给自己带来什么样的好处。

曾服务于能多益产品的广告公司，他们的创意并不令人十分满意，因为费列罗公司更喜欢以简约和清晰的方式来瞄准人们的感性和理性来进行广告创意。50年来，费列罗公司拍摄的广告并不是特别多：长时间内基本维持不变，可能仅是一些场景有些改变，但是广告词恒久不变。在"没有能多益世界将会怎么样"之后，又迎来了一个提速。

针对广告产生的理性或感性程度，做一个简单的评级并非易事：我们试着在采用的广告语、图像和语言的基础上把能多益广告分为8个时间段。给广告技术水平采用从1到5的评分制打分。看打分图，更具视觉效果：能感知对费列罗公司广告评分选择有多大的波动。理性的程度在一开始非常高，之后就下滑，不过在随后的几个阶段内也有所提升；接着，感性上升，之后出现停止——但在2013年关于定制标签的最新广告中有所上升。都灵大学经济系市场营销专业的学生在塞西莉亚·卡萨雷尼奥教授的指导下对此进行了分析。

在每个周期末都会交上一个从1分到5分的评级表，"E"代表感性，而"R"代表理性。在对广告的简要描绘中，斜体字是费列罗公司的广告标题。

需要诠释的新品：1964—1970年

在《卡洛塞洛》电视节目中，费列罗公司最早的广告系列片段名为《大盛宴》。它是介绍欧洲各地民间宗教节日和欢庆表演活动的迷你纪录片，长达两分钟，在片尾则是广告。榛果、牛奶和可可的图片加上广告语"在每个家庭里，每天的盛宴都有能多益"（1964—1966）。之后是由桑德罗·博尔齐[1]根据德·亚米契斯[2]的小说而执导的另一个系列。在屏幕上演绎了名为《〈心〉书中的一页》的催人泪下的情节后，镜头画面中传来了话外音："费列罗，意大利家庭简单自

---

[1]　Sandro Bolchi导演，曾执导影片《安娜·卡列尼娜》。

[2]　Edomondo de Amicis，《心》作者。

然的世界。"（1967）。随后还有其他的广告。一个小朋友在游泳比赛[1]前夜睡着了，多亏了榛果酱赢得了比赛，并在结尾用十分自豪的口吻说道："费列罗，意大利乃至欧洲大陆最伟大的糖果工业。"（1969）为了拍摄《一个友好的面孔》，费列罗公司请来了美国演员范·强森来出演一段展示美好的片段，在其结尾处有一群在海边游完泳的小孩，他们吃着面包和榛果酱并叫道："人人为我，能多益为人人。"

《卡洛塞洛》的规则禁止任何与广告的连接，这项规则禁锢了更加有创意且有效的口号的出现。

一个美好的童话：1971—1976年

由Pagot（异教徒）工作室制作的动画片《巨人朋友》（1971—1976），有着数以百万计的意大利人的童年里抹不去的记忆。费列罗公司将它们取出，拍打去尘土，重现在2013年5月的《重归卡洛塞洛》这档节目中。在善（巨人）与恶（雀鹰）的斗争中，飞行员雀鹰说了一句十分有名的话："这里写着乔·空逗吗？[2]"唱诗班的村民们请求道："巨人……你来处理这事。"《巨人朋友》这一系列广告也用于健达牛奶巧克力、妃野斯塔（Fiesta）和其他产品宣传上。1973年，费列罗公司宣传的是"一款经典食品"，指能多益是"健康的日常习惯"：它的美好在于它的成分简单，广告语是："自然衍生自然。"

该广告的理性指数十分高，得益于动画片的魅力和幽默，其感性

---

[1] 这个广告的标题为《游泳比赛》。

[2] 当意大利人指着额头说："这儿写着乔·空逗吗？"他的意思是："这儿写着傻瓜吗？"

指数也有所上升。

童年的回忆：1975—1988年

一位妈妈回忆到，小时候她的妈妈给她吃面包和能多益，同样一个宣传语重复了13年："妈妈你知道，能多益对宝宝来说很健康，就像对你一样。"早先，拍摄片在《卡洛塞洛》节目中播出，后来经剪辑制作成广告。在《妈妈》（1975）这一系列中，广告强调的是"能多益就是这个，费列罗"，以此来回应竞争对手正用其他涂抹酱进入市场；在《几代人》里着重于它的成分"简单，正宗"；在《花儿》（1978）系列中展示了罐子的密封性，保证了能多益"新鲜，因为用正确的保护方式"。接下来的广告相当沉闷，它们是：《自行车》、《成绩单》、《跳水》（1983）、《秋千》（1985）。最后，在1987年的《表演》中，制作者灵机一动展示：儿子在学校表演时，不完美的父母迟到了。

广告没有什么情感成分且理性也下降：该产品业已走进所有的家庭，要做的就是捍卫已获得的位置。

全力以赴：1988—1993年

这期间，发展的画风已有所改变：在婴儿潮结束后，出生率有所下降，作为能多益品牌核心目标对象的意大利宝宝少了许多。那几年，大家拥有事业心，对职业生涯有规划，所有人都意气风发。因此，品牌设定了两个目标：通过拍摄年轻人广告，扩大潜在消费者；从产品质量扩展到推广从罐子里随时可获得的能量。在广告里除了小朋友，首次出现了青少年。这个转变在广告语中也可见，从1987年以前的系列标语"能多益与面包，良好的能量"到后来的"面包与能多益，思考与做事的能量"。而稍微迈向情感的广告是1993年的《风帆冲浪》：父亲和儿子在海里航行，一起吃着早餐（或午后点心）。广告语是："营养自己的乐趣。"

广告具有很低的感动性，很高的合理性。

见证神话：1994—2007年

伴随着"没有能多益，世界将会怎么样"的广告语，费列罗公司开启了感性广告的新篇章。广告商和导演们的创意都表现在这个幽默感人的广告里：在让人惊喜的《舞会》中，一条很长的涂满能多益的面包上插着点亮的蜡烛（1994）；在《女邻居》中，能多益在一次狂欢中被吃光了，楼上漂亮的女邻居拿着空罐子出现在一个小朋友面前并问道："告诉我，你还有点吗？"（1997）。而在《火车》中，画面展示的是一个社会话题：不同球队（黄—绿和蓝—橙，没有影射任何现实的球队）的两群年轻球迷在同一间车厢偶遇，并引起一场混乱；由于有了能多益，大家最终一起欢庆起来。第一次出现用手指和小勺子舀着吃能多益，是在1995年《篮球》中的片段。1999年到2003年出现的标语是"能多益总是特别一些"，其所印衬的广告语是"没有能多益，世界将会怎么样"。接下来，从2003年到2005年，广告《充满能量的生命》获得了巨大的成功：一群小孩在沙丘里奔跑，背景的配乐是令人回味的《顺其自然》（*Que Sera Sera*）。最后，从2006年开始，一句"能多益伴你每一天"似乎引领人回到了每天都消费的观念上。

广告具有一部分理性，但是感性爆棚。

体育早餐：2007—2010年

费列罗公司雇用了意大利国家足球队的厨师为其代言。在3年里厨师都宣传道：每天早上都给他的冠军们准备能多益、面包、牛奶和水果作为早餐。费列罗公司签了份赞助合同，成为蓝色军团的"官方供应商"。第一年，他们还保留着之前的广告语，后来改为："没有能多益的早餐，将会怎样？"他们改变了战略，专注于早餐：不是针对小朋友，而是针对全家——全家人醒来后，把能多益当早餐，目的就是让消费者形成每天消费习惯。这与强迫性的贪食相反，因为贪食只会让神话般的解释太过扩展。

在这个阶段，广告的感性和理性得到了实质上的平衡。

乐观运作：2011年

一群鸽子展翅飞翔在城市上空，咖啡厅开张了，百叶窗也打开了：对意大利来说，这是一天的开始。这些画面都用精致的黑白图像表达出来，黑白图像想表达的是意大利刚刚苏醒的样子。然后，影像变成了彩色，出现了能多益：奶奶给孙女准备早餐，年轻女人（演员丽迪亚·蔻齐奥洛饰）在伴侣的怀里把能多益涂抹在面包上；没人说话，只有背景音乐。危机出现了，消费量停滞了：广告《早安》中播放着由米歇尔·乾东哲（Michele Centonze）创作、卢奇亚诺·帕瓦罗蒂演唱的动听歌曲，以此带给大家乐观的信号，广告语为："能多益美味开启新一天。"

广告的感性上升，理性保持不变，重点落在早餐的消费上。

纪念的情感：2013—2014年

在虚构的富有个性和情感的广告纪元里，广告《"早安"有个新的名字》的运作意在加强能多益的品牌和它与消费者之间的联系，使它成为人们喜爱的品牌。当时印了百万份的名字标签放在超市里，人们可以在已经准备好的145个名字里选择自己中意的名字，也可以在网上申请一个个性化的名字。这个开启营销组合的复杂操作的广告，主要描述斯特法诺（Stefano）的一生：从孩童到成为父亲。画外独白是："能多益一直都懂你，因此今天它就叫你的名字。"原先的广告语是："'早安'有个新的名字，你的名字。"2014年年初，费列罗公司迎来了50周年庆的广告："50年的情感在一起。"

这两则广告的情感度都极高。

能多益广告，感性与理性的50年

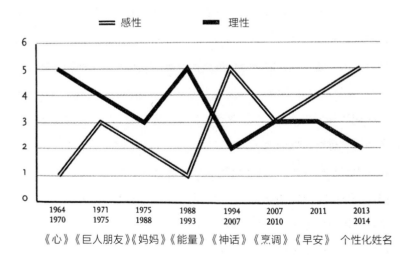

━━ 感性　　━━ 理性

广告投资

在供应涂抹酱的工业系统中，能多益在整个欧洲市场所占比例一直都是名列前茅的：在意大利和法国高于80%，在德国大约60%——因为德国的超市里自有品牌的比例很高。为了达到这样的占有率和维持销售量，需要大量的广告投入。多年来，尼尔森（Nielsen）媒体研究公司不再公布投资者的绝对数字，只提供相对的数据。费列罗公司就是意大利广告开支大户中的一员，只是在最近的10年间，从2004年的首位滑到2013年的第6位，前五位分别是保洁、沃达丰、Wind、大众和百味来公司。

即使如此大气力地进行广告投入，也不可能毫发无损甚至会经历商业危机。因此，费列罗公司也在很大程度上改变了管理预算的方式。费列罗公司没有提供投资数据，但是可以从管理广告空间的媒体中心推算出（消息来于2013年2月28日《24小时太阳报》）：2010年，在意大利广告投入排行榜中，居首位的是投入广告费2.18亿欧元的电信公司，其后是保洁公司、沃达丰公司及投入广告费1.83亿欧元的费列罗公司。2012年，电信公司投入广告费1.40亿欧元，（即使较2010年下降了23%）仍位居第一，其后是沃达丰公司和投入广告费1.33亿欧元（较2010年下降了26%）的费列罗公司。据传媒公司协会的数据，意大利广告投资市场很低迷：2012年比上一年有12.5%的下降（广告总投入为84亿欧元）；2013年也出现了负增长，所有传统媒体的投资总额为7.095亿欧元，增长率为-12.5%。最大的广告资源都投到了电视里，占比为51.1%，其后依次是数字媒体广告（占比为19.9%）、印刷宣传广告（占比为17.2%）、广播电台广告（占比为5.9%）、户外广告（占比为5.4%）和电影广告（占比为0.4%）。

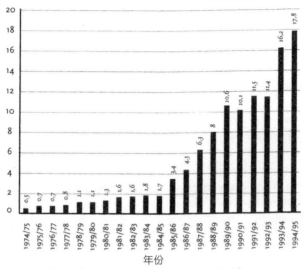

1974—1995年能多益广告投入金额
（单位：十亿里拉）

资料来源：莫妮卡·里兹尼《成功产品的起源、演变和肯定》。

在费列罗公司开始用电视节目《卡洛塞洛》的微型故事描绘其产品时，它们的情况有所不同：对电视广告的投入几乎占尽总额。1997年，一篇采用由费列罗公司提供数据的论文里，分别列出了从1974年到1995年期间，能多益在这20年里与广告有关的数字：对"没有能多益，世界将会怎么样"广告语系列的广告投入强劲，为178亿里拉（相当于1340万欧元）。与1974年相比有很大的增长：如果算上通货膨胀（那些年非常高），大概是最初投资的5倍。

个性化标签

一直以来，能多益可以将我们带回童年：我们每个人的回忆里都有它。正因如此，它能够从容应对经济下降的风险。它是彼得·潘[1]的甜品，能够利用新兴的战略来适应不断的变化。

2013年，许多公司展开了个性品牌的关系营销活动。由社交网络、自拍及毫无遮掩的交流引起的焦虑，带来了一个新的趋势——消费者想成为媒体的主角。各品牌为了迎合这个时代趋势，都在寻找一个可以为任何消费者量身定做的广告。2013年8月26日，秒卡（Mika）公司在法国发起了一个名叫《缺一块的巧克力》的推广活动，销售一款包装精美但内里残缺一块的巧克力。只要在网上填写表格、提供个人信息和收件人信息，一块残缺的妙卡巧克力就会被寄给所填写的收件人。

2013年夏天，饮料巨头可口可乐公司在澳大利亚发动了一场名为"分享这瓶可乐，与你的……"的活动，上百万个性化的听装可乐被投放市场。这个活动随后也扩大到欧洲，当然，也来到了意大利。

费列罗公司也加入这个活动中：策划了"能多益就是你"的广告活动。2013年秋天，他们印刷了数以百万计的个性化标签，通过这个跟消费者共享互动，并达到极致："一直以来，你的生命中有一点能多益，而你的生命中也有一点属于能多益。"除此之外，在这场广告活动中出现了四个人物同用一个艺名的情形，只是在巨型海报上所展示的能多益罐子上印刷的是他们各自的教名：利努斯（帕斯夸里[2]）、格里·斯科特（维尔吉尼奥）、拉·皮拉（奥尔索拉）、卡提雅·弗乐萨

---

[1] 彼得·潘，苏格兰小说家詹姆斯·马修·贝瑞笔下的人物，他是不会长大的男孩。
[2] 利努斯（Linus）的教名是帕斯夸里。

（卡提乌斯亚）。并不存在谁仿冒了谁的想法，因为早在2003年3月，能多益个性化的杯子就已经被发明创造出来，并且取得很大的成功：杯子由平面设计师埃玛努埃莱·巴尔图里尼（Emanuele Bartolini）设计，是200克装的玻璃杯，上面刻有96个不同的教名，同时还伴有对名字的词源给出的解释。10年后，费列罗公司更进一步，竟然允许将自己的商标进行"污染"：不同的名字被印刷在神圣不可侵犯的"Nutella"字上，首个字母也是采用黑色，而其他字母为红色；同时，公司官网上写道："这就是能多益个性化标签。立刻将它打印、剪切、粘贴在你的能多益罐子上吧。然后可以跟它合影，并跟我们分享。"其主题标签为"能多益就是你"，电视上的广告语为"'早安'有一个新的名字，你的名字"。

费列罗公司如此授权给其忠实客户——一个用他们的名字区分能多益罐子的特权。这次推广活动取得的回报是强劲的销售增长，以致优兔（YouTube）上流传了一段十分搞笑自黑的视频：皮诺托里内塞的工作人员晚上贴标签时累到睡着了。

最后的这则广告（由教师和研究者塞西莉亚·卡萨雷尼奥执导）被都灵大学经济和管理系企业传媒专业的学生用作案例进行研究分析。他们在学生中做了一次问卷调查，结果就是上课时焦点小组会"突然"出现在教室里。卡萨雷尼奥教授解释道："学生们还被要求在两个不同但又有类似之处的推广活动中，对可口可乐和能多益包装的个性化发表自己的意见。可口可乐公司是在"分享听装瓶子"的概念，而费列罗公司旨在通过个性化标签勾起人们对能多益悠久历史的回忆。"

在课堂上，老师澄清说，两个推广活动毫无疑问地表现出了很大的差异。在"分享一瓶可口可乐"这个广告中，在标签上，其著名的徽标被不同的教名、通用名、最广泛和最受欢迎的习惯用语等所取代，由此发明出用来与朋友分享的个性瓶子。而费列罗公司的广告是想向消费者述说一个关于他们每个人的故事，标签的个性化集中在目标市场每个成员的童年和个人成长上。卡萨雷尼奥接着说："焦点小组的结论十分有趣，尤其是考虑到课堂上的学生都接受过营销培训，所以最后还做了一次在线问卷调查。在第一时间，学生们在课堂上被要求不必考虑自己在营销传播方面的文化背景，只是快速回答一下问题：两个活动一样吗？你们觉得费列罗公司通过某种方式抄袭了可口可乐公司吗？学生们举手回答，他们的回答表明，作为消费者，第一反应有可能会混淆这两个活动的意图：大概30%的学生做了肯定的回答，觉得费列罗公司抄袭了可口可乐公司。实验的第二部分是要求学生们从营销专业人士的角度考虑，深入分析两次推广活动，并且做出回答。有趣的是，对这两次活动，学生们的反应是，没有人采取任何方式去谴责费列罗公司，相反，那些觉得两次广告活动相似的学生，也更多地表示了遗憾，因为意大利企业在时间上被美国跨国公司打败。学生们的意见，总的来说是赞成能多益的。"

随后，引出了一份更为科学的问卷调查，用来收集学生们的意见。填写问卷调查的学生有262位，其中140位是学习企业传媒专业的学生，其余的是企业经济与管理专业攻读硕士课程的学生。

问卷调查的回答里，（结果未公布）从费列罗公司市场营销组合行为这个角度提出了一个十分有趣、极有见地的观点。青年人主要是在早餐或下午用点心的时间里在面包上涂抹能多益：有近乎一半的答卷是，选择一起消费这两个"经典"选项（占46%），而三分之一的答卷是，随时都有可能被美食"攻击"。品牌的长销被认为是很正常的事，正是因为它的独特性或它已经是人们至爱的品牌了。其中，10个学生就有6个认为它是个"典型"产品，就像帕马森干酪或特定产区的蔬菜一样。人们对榛果酱怀有浓浓的爱意，也就对它的工业背景并不在意。

问卷得出的另一个结果相当出乎意料：测试小组中有三分之二的人认为，能多益即使有50年的历史，也当它是个"创新"的产品，因为它是棵"常青树"（总之，它已经在意大利的传统里），因为它还"多才多艺"。

由于对涂抹酱消费者的精确定位，费列罗公司的广告也做得恰到好处：孩子们基本上把它与面包和可丽饼配着吃，其他选项并不重要。

关于标签的广告，50%的学生回答"我喜欢"或"非常喜欢"。把能多益广告和可口可乐广告相比较，仅29%的人认为它们相似。在费列罗公司的口号中，比起"我们有一点属于能多益"，他们绝大多数更认同"我们每个人中都有点能多益"。前者听起来觉得有强迫的感觉，或是太过政治性修辞。学生们更不认为，他们不像人们想象的那样至爱这个品牌：仅仅26%的人选择了答案"4"和"5"（接近"绝对是"）。

最后，关于能多益的未来，大部分接受采访的人表示，不希望对其产品或品牌做一些改变。不过，仍有约三分之一的人想要其做一些改变，他们选择了问卷里最后两个选项：给大型厨房或可丽饼烘焙店配置能多益挤压器或能多益销售点。事实上，没有多少人（仅4%）想要新的味道。

可见，能多益不会变！

表 2-1 "你眼中的能多益是怎样的?" 问卷调查结果

调查者：都灵大学企业传媒专业

指导老师：塞西莉亚·卡萨雷尼奥

调查对象：(企业传媒专业和企业经济与管理专业) 262位大学生

调查结果：绝对数据 (人数) 和百分比

1. 喜欢什么时候消费能多益?

早餐　61　23%

用点心时间 (上午10点左右，下午16点左右)　59　23%

主餐后　47　18%

白天/没有固定的时间　80　31%

其他　15　6%

2. 你觉得为什么能多益品牌如此长寿?

独特的味道　142　54%

性价比高　10　4%

因为是费列罗公司的产品　11　4%

因为是几代人的至爱品牌　98　37%

其他　1　0%

3. 你同意别人"能多益是'典型'产品"的说法吗?

是　162　62%

不是　74　28%

不知道　26　10%

4a. 考虑到能多益的销售量在意大利及全世界不断增加,你觉得能多益在意大利还是创新产品吗?

是　183　70%

不是　59　23%

不知道　20　8%

4b. 如果你回答"是",是因为什么?

包装款式　4　2%

适应时间精神的能力　37　20%

是传统产品、常青树　87　47%

是个多功能产品　45　24%

标签　9　5%

其他　2　1%

5. 以下哪个产品与能多益结合会更好?

面包　157　60%

可丽饼　67　26%

面饼　4　2%

香料咸面包　2　1%

蛋糕　1　0%

牛角面包　7　3%

面包棒　14　5%

冰茶　1　0%

牛奶　0　0%

鲜水果　2　5%

水果干　1　0%

其他　7　3%

6. 你觉得以广告语"'早安'有一个新的名字，你的名字！"结束的费列罗广告怎么样？
（回答者需要用从1分到5分制来评级，从"我不喜欢"到"我十分喜欢"）

1分　30　11%

2分　30　11%

3分　72　7%

4分　88　34%

5分　42　16%

7. 如果你不赞同上面的广告语，请告诉我们原因？

跟可口可乐一样　77　29%

没打动我　37　14%

我不明白它　3　1%

不回答　145　55%

8a. 你看了这个夏天可口可乐的广告，即分享一瓶标签为"你朋友的名字"的可口可乐吗？

是　249　95%

否　13　5%

066

8b.如果你上一题回答"是"，你觉得（可口可乐和能多益）这两种营销方法有不同吗？

是 145 55%

否 100 38%

不知道/不回答 17 6%

9.你知道2003年能多益就在市场上出售印有个性化名字的杯子吗？

是 72 27%

否 190 73%

10.你赞同这句话："我们每个人中都有点能多益。"还是喜欢："我们有一点属于能多益。"

我赞同第一句 159 61%

我赞同第二句 51 19%

我都不赞同 45 17%

不知道 7 3%

11.你觉得能多益是至爱标志还是至爱品牌（根据凯文·罗伯茨的定义），因为你认为：品牌在近几年"油耗光了"，所以需要灌输"爱"才能保持生命。
（回答者需要用从1分到5分制来评级，从"不，我不这样认为"到"绝对是"）

1分 62 24%

2分 54 21%

3分 77 29%

4分 50 19%

5分 19 7%

其他 2 1%

12a. 你觉得对能多益产品或牌子进行更改是对的吗?

是　87　533%

否　155　59%

不知道/不回答　20　8%

12b. 如果上一题你的回答是肯定的话,那么假设你是市场营销经理,你会怎么做?

产品:新的口味　4　4%

产品:新的用途　15　15%

产品:新的包装款式　17　17%

包装:给大型厨房(饭店,酒店)配置能多益挤压器　6　6%

分销:能多益销售点/可丽饼专卖店　54　53%

其他　5　5%

5
涂上网络

"怀念起过去，还记得在1967年到1968年间，我在去科隆的途中刚好遇到一架飞机在空中撒下许多小降落伞，里边是费列罗公司的产品。我幸运地得到一个，真是太幸福了！它就是我至爱的一小份能多益……多么美好的时光！啊，记忆犹新，当时我在阿尔玛·迪·塔吉亚（Arma di Taggia）。谢谢能多益！"阿梅莉亚（Amelia）2014年2月在意大利能多益脸书网站账号上写道。

"我认识的人没有不喜爱能多益的。它是个神话。从我小时候起它就陪伴着我，直到现在也一样。"罗莎（Rosa）2014年1月在意大利能多益脸书网站账号上写道。

"我从不会让自己缺少它！我一直都会囤积三罐。"菲利普（Filippo）2013年4月在意大利能多益脸书网站账号上写道。

"没有了它就很难受，就像缺少氧气一样。"桑德罗（Dandro）2003年在比萨时在在线社区网站上写道。

"能多益是好心情的使者，是驱赶忧愁的卫士，是最甜蜜浓稠的逃避现实的点心。"玛尔塔（Marta）2003年在加巴纳特·米拉尼斯镇时在在线社区网站上写道。

"没有能多益的生活将怎样？它是梦想的窗户，是暖暖的深呼吸，是风的抚摸。啊，是的，是的，能多益，在你悲伤的时候陪伴你；在你开心的时刻也陪伴你，总是带给我们色彩……"乔琪亚（Giorgia）2014年1月在意大利能多益脸书网站账号上写道。

当你在智能手机上按了"发送"，当你点击鼠标，当你在平板电脑上写了几行字，能多益人的爱情宣言就涂上了网络。尽管网络是诞生于大学计算机之间的一个连接系统，但当网络成为一个普遍现象的时候，这一切就这样发生了。没有因特网的世界将会怎么样？虽然经过多年的电视广告，但当千禧年到来时，能多益马上就行动起来，表示自己是"冲浪"玩家。事实上，很长一段时间以来，能多益忍受了关注者俱乐部、博客或各种网站上海量的自发引用。即使他们提高了它的知名度，但是他们也有可能因为使用不对的色调和暴食以及无节制的消费模式而与它背道而驰。另外，也有徽标及字母的问题。

从一开始持有怀疑的态度，慢慢地到费列罗公司也让自己参与其中：在1999年的美国，公司第一次建立了一个宣传网站；同年，在意大利也注册了域名，但是在2001年9月才首次亮相（由Inferentia Dnm公司管理）。接下来，对品牌来说属于制胜点的举动是：费列罗公司创建了以下两个社区：一个是2003年4月的在线社区网站，另一个是2008年6月的NutellaVille.it（威尔网站）。最后，2010年4月费列罗公司开始了社交网络的体验：意大利能多益在脸书网站上开了账号，是最受大家点"赞"的意大利品牌，关注者超过了500万。

这是一个慢热的过程，但是比起那些自发激进的网络行动来说，费列罗公司总是能比其他主要食品公司先行一步。在意大利登场的同年，它也在德国建立了品牌网站，随后，2002年在法国和奥地利也建立了网站。今天，从能多益网站可以连接5大洲27个国家的主页：2个在美国、5个在非洲、14个在欧洲、4个在中东、2个在大洋洲。每种费列罗公司的热销产品在能多益风暴的影响下都有十来个网站。

瑞典互联网市场研究公司——皇家平度姆（Royal Pingdom）公司每年都会对网络数字进行分析（这个星球上约有70亿居民，连接到互联网的大概有24亿人：据2013年统计，有44.8%在亚洲，21.6%在欧洲，11.4%在北美洲）。奥迪网络（Audiweb）公司（测试由出版商、广告商、传播者共同形成的在线收视率数据的公司）对意大利进行测试评估，提供出一个让人印象深刻的关于新传媒工具的渗透性景象：3880万意大利人至少可以通过一个系统来访问互联网，这些人相当于意大利82%的人口，在11岁到74岁之间（截至2013年12月）；将近一半的人通过智能手机使用网络，并且这个比例有上升的趋势。

能多益发展成至爱品牌的实质阶段就是通过网络：油然而生的喜爱品牌的情感成为品牌管理的一个战略。在网络上，费列罗公司都是给旗下品牌提供一些基本思路来展开推广活动。但是榛果酱一直都是开拓者（只要想想第一个Ferrero.it网站是Nutella.it），人们对它的喜爱也就成为大家碰面或相互认识的原因之一。费列罗公司在这种被保护的社区环境里跟它的客户进行交流。

劳拉·米内斯特隆尼在她的《品牌手册》里写道："与品牌的关系往往是一个爱的关系。如果对消费者不采用功利的方法，实际上，就会产生一个隐形的维度把个人和品牌联结在一起。"基于这个假设，企业在2003年4月开了网站MyNutella.it，这是一个为优化品牌关系而建立虚拟社区的绝佳案例。这个项目由位于威尼托大区科内利亚诺小镇的Powerhouse公司负责组织和管理。这家公司在当时也为其他公司负责维护社区网站，比如，汉高洗衣粉、爱普瑞利亚摩托车，以及若干装潢公司。

一个品牌社区

当马克·扎克伯格在哈佛大学上能多益在线社区网站时，他还没有编码创建今日在全球拥有10亿计用户的脸书网站，也还没有在社交媒体诞生之后出现的Web 2.0的概念。因此，查明如何构思出能多益在线社区这个品牌社区也是十分有趣的事。它具有先进的水平，以至于今天在某些方面仍然超前于社交媒体。早于脸书网站的社交服务网站聚友网（Myspace）诞生于2003年。每个用户一旦在能多益在线社区网站注册后（超出15万用户），可以在网站上展示有关针对能多益的想法、照片和设计，并且由此管理自己个人的空间。自由发挥的数字图像、句子和想法伴着信息的交换像洪水般涌来。在此刻之前，对神话般的罐子的爱还仅仅是作者、导演或艺术家在阐述。到此时，这爱已变成了凝聚大家的力量、维系大家激情的纽带。

另一方面，费列罗公司通过内容营销来给予爱好者们回馈：品牌价值通过创作短文和简单食谱的比赛方式，对社区成员进行奖励，以此进行传播推广。通过这种方式，品牌传播变成多元化，由三极系统构成：品牌、市场和消费者。能多益是主角，它也是转播流的对象。单声道定向广告的模式被淘汰了：主要是在2003到2004年间，因为使用因特网的消费者都具有一定的文化水平和娴熟的技术，所以为了获得竞争优势就得为他们服务，以便更深刻地了解他们；当然，最终还是由品牌来做决定，只是比起先前，已开始格外重视从网络上回馈的情感——如果不这样做，很有可能会失去消费者对品牌的情感，而这些情感的累积并非简单建立起来的。在动力源（Powerhouse）公司里，人们认为从能多益在线社区网站获得的信息并没有使公司变得更强大，而强大起来的是单一客户。威尼托公司主席米歇尔·卡斯杜利纳说："通过这种方式，消费者成为决策者。"

费列罗公司网站分为5个区域，人们需要注册才能访问。

其一，我的区域，有点像一个社交网络的当前账户，与他人共享数据及表明注册的原因。

其二，杂志区，第一次把品牌转化为出版商，通过一个新闻编辑室发布从报纸获取的消息或关注者自己收集的消息，接着对其进行编辑以创建自己的内容。比如，"贪食的小偷。因对能多益的爱而蒙蔽了双眼，有可能失去理智而忘记结账。这样的事也会发生在的意大利北部一个不可能被人怀疑的45岁人的身上。""你们能够抵抗突如其来的对能多益的冲动吗？"这个区域的点击率最高，因为人们的评论有可能被版主选中而留下。

其三，个人网站，是自主管理空间，有点像博客或聚友网和脸书网站上的留言板。在那里，每个能多益人都可以上传照片、文本和个人观点等，分享自己与能多益有关的经历：首先是运动时刻，接着是对漫画和宠物的热爱，也有关于爱情、童年的回忆和平日里的小小乐趣的呈现。

其四，关注者俱乐部，建立该区域的目的是，在虚拟空间内产生干劲十足且与能多益世界相连的小小领导人。通过这种方式，激发关注者诞生俱乐部，从而可以组织网络上或现实生活里的聚会和各种活动。

其五，能多益艺术，致力于发展图片画廊，图片都是用户通过数码相机拍摄上传的，令人印象深刻：涂抹的面包片、可丽饼和蛋糕。

在能多益在线社区网站注册后，注册者的邮箱地址就会自动保存在费列罗公司内部《通讯》月刊的电子邮箱表中：每个时期都会有五六条关于奇闻异事的新闻或新闻事件。通过这些，费列罗公司能够直接评估其忠实客户的情绪而不再付费给焦点小组。在顾客方面，他们可以通过电子邮件向编辑室询问关于能多益店、运动衫、有着能多益徽标的名牌西服，以及如何举办一个能多益主题的聚会和哪里可以找到从3千克到5千克的特殊包装等信息。所有这些，都由能多益专门的网络规范，即通过一些基本的禁令来监督（摘自能多益在线社区网站）：

禁止使用攻击性、挑衅的和带有歧视性的污言秽语；

禁止发布或交流色情或冒犯、违反意大利国家法律的任何内容，禁止传播他人信息（姓名、地址、电话号码或诸如此类的信息），小心使用个人信息，"请您注意转播自己个人信息：如果您一定要这样做，那么不要在'公共空间'（个人网站、关注者俱乐部网站、留言板，等等）转播，而是使用一对一的通信工具（电子邮件、联系人聊天室）"；

禁止利用能多益在线社区网站的服务来推广经济活动或做广告；

禁止克隆他人的昵称或使用任何其他系统来模拟另一个用户；

禁止在讨论话题区、留言板上贴不相关的帖子；

在网站上上传的内容材料必须是原创的，是用户创造性的结果，严禁发送、发布或者交流违反第三方权利的信息或材料。第三方权利特别是指：人格权利（如名字或别名、肖像权）、工业产权（品牌、专利或不是用户独家的区别标志）、著作权等知识产权。

我们是能多益

创造术语"至爱品牌"的萨奇兄弟（Saatchi & Saatchi）广告公司的一项调查显示，61%的人愿意与喜爱的产品品牌通过社区进行互动。哈雷·戴维森（Harley Davidson）的所有者在专属的俱乐部相聚，但把驾驶日本摩托车人士排除在外。而在能多益活动中，关注者俱乐部是进行包容性社交的。费列罗公司主要是在通过MyNutella.it网站发起一个与日本富士公司合作的摄影比赛"没有能多益的世界将会怎么样"时发现的。比赛的奖品包括数码相机，皮诺托里内塞的能多益团队被数码照片和图纸彻底淹没了。

《我们是能多益》是由吉安保罗·法博利斯主编的一本大开本图书，出版于2006年，它的书名也十分有意义。它是一本让波普艺术大师们和其他比较"家庭"人士充满感情图片的选集，其中的生活小图片带着娜塔丽娅·金兹伯格《家庭絮语》的风格，也带着淡淡的现代性。它是基于所有作者对能多益的大爱而形成的一种无意识的写实家庭真人展示。书里不仅有嘴上"长着胡须"的孩子们的普通图片，也有那些穿着得体、面带微笑的老奶奶直接用手伸进能多益罐子里的图片。它还虚构了一个动物园，里面有狗、猫、河马、马、熊和鸟。当然，这个神话般的罐子较它们更吸引人。在书中，能多益品牌处在梦幻般的光环中，并给出了一个永恒的信号——它超出了每个营销人士最乐观的预期。

从那时起，费列罗公司就知道要超越能多益在线社区。他们通过市场营销组合行动开了一个参与度更高的新社区，整个城市都涂满了榛果酱：能多益威尔社区。这个虚拟世界是从"第二人生"中获得灵感的。"第二人生"是2003年上市的十分有名的门户网站，拥有上百万的用户，在这个网站里，每个"居民"都以虚拟化身（Avatar）的形象活动。

为了让关注者们了解费列罗公司新开发的这个网站及如何转移到这个新的平台，2008年6月21日公司在都灵举办了"能多益日"。费列罗公司在公报上解释道，选择这个日子是为了迎接夏季的到来，"褒奖仁慈、欢乐、积极的价值观"：能多益拥抱的价值观"因为能多益一直以来就体现了它，这就是为什么没有什么比邀请来涂抹欢乐、传播积极性更真切了"。城市里有几处地方可以参与活动：在亻立埃马努埃莱·菲利贝托雕像的圣卡罗中心广场上有两家古老的咖啡馆提供能多益早餐，在维托里奥·威尼托广场设有榛果酱早、午餐服务，在波河河畔的华伦天奴公园组织举办了能多益的开胃鸡尾酒，之后还有大型的音乐会。这是多甜蜜的线路。在圣卡罗广场上铺着一片绿色的草坪——完美的野餐场地，在草坪上还摆着桌布，以方便大家品尝榛果酱：这不仅是给孩子们准备的，也是给那些吃着能多益和面包长大的父母们准备的。费列罗公司在报纸上发布了消息，在现场也设置了广告栏，在那里任何人都可以留下他的照片或针对能多益的情话。所有这些之后都在能多益威尔社区上发布。

这个网站也用于一些比赛：在2009年初，参赛者可以赢得T恤或罐子形状的椅垫，用来创建一个像水果模样的虚拟化身。参赛者首先要成为能多益威尔社区网站的"居民"，然后回答一个关于水果和能多益最佳配对的测试，进行一个简单直观的游戏。这是网络营销的一种形式，在这里每个人都不得不告诉公司关于他本人的信息。一些人定义它为"部落营销"形式，在这里，通过"地中海"式的孕育后，交流不再是盎格鲁—撒克逊式的一对一。但是能多益威尔社区并没有持续多久。或许空间管控得太多，以及由上而下的管理方式已经时过境迁了。如果说能多益在线社区是一个勇敢的先驱，那么能多益威尔社区则是个计划周全，并且令人愉快的网站。只是没有留给个体足够的创造力空间。社交网络时代即将到来：2008年是意大利的注册量暴增的一年，从那一刻起费列罗公司就意识到得改变游戏计划。

网络的自发性

随着网络时代的来临，每个人都可以在网上表达对品牌的爱。当意识到这个巨大的改变后，费列罗公司在网络面前更加谨小慎微了，至少一开始是这样。这是所有在品牌上大投资企业的一个典型现象。因为品牌是他们主要资产之一，也具有经济价值。在许多公司内部都展开了争辩：一部分人认为，应该接收从社会传来的信号（一般是从市场营销和传媒部门传来）；另一些人则认为，要保护品牌。新的需求就是在两点间找到一个制衡点，既要从它的徽标开始经营品牌，也要考虑消费者想要充分利用自身丰富的表现力和创造力来表达对至爱品牌的感情。

只要上网搜索，就可以发现有多少网站提到过能多益（除了费列罗公司的网站）：如果写上"食谱"，在谷歌搜索引擎上显示的就有1 200万条结果；如果仅搜索"能多益"，就有超过6 000万条结果。这是一个无法控制的"疯狂涂抹"。品牌，往往要通过线上发布才让人注意到它，由此也就出现了与其他媒体相当的"内容提供商"，也就可以利用一些病毒式视频来增加品牌资产。

有时网络上会产生冲突，因为公司不想其品牌在网上被"庸俗化"。如果能多益是一个大众化的名字，那它就有麻烦了。就像在1995年，意大利权威词典《德沃托·奥利》（*Devoto-Oli*）要收编"能多益"这个词。出版社回复费列罗公司，词典中对"能多益"的解释是："能多益，阴性，一个销售广泛的以榛果和巧克力为基础制成的酱的品牌名称（注册商标）。"不过，很多年来围绕报纸的标题或文章中对于"能多益"是用大写还是小写，争论不休。皮诺托里内塞的法律办事处就如何使用术语"能多益"而发函表示："请允许我们明确指出，由于其标志的性质要求，在任何正式或话语式的文章中，比如报纸文章中，它总是以大写字母与普通术语区别开来。"

如果对报纸或词典里出现的错误使用还较容易阻止的话，那么，当因特网爆发时这个任务就没有这么顺利了。第一个例子发生在2000年。一家网站在圣弗朗西斯科市创建，网站开展的内容为，从一个用户到另一个用户"涂抹"音乐内容到因特网上。该网站的名字叫努特拉（Gnutella），它的徽标用字与榛果酱用字相同。这个网站获得了巨大的成功，但是收到了费列罗德国公司的法律声明：结果就是，更换了平台的图案。但其名字没变，并且还开展个人对个人活动。

2007年2月5日，两个意大利裔美国博主——一位是数字媒体策略师萨拉·若松，另一位是律师米歇尔·法比奥，推出了"世界能多益日"，在网上召集（主要来自美国的）关注者自发地加入。为了能够让大家看到这个倡议，他们在网上张贴了一幅后来流传甚广的图像——"能多丽莎"（Nutel Lisa）。它是由土耳其人岑克·索枚索（Cenk Sönmezsoy）设计的，贴在他的烹饪博客（Café Fernando）里。这幅图展示了博特罗人物风格的列奥纳多·达·芬奇的蒙娜丽莎将能多益的罐子抱在怀中。他们从一开始就在NutellaDay.com的首页写得十分清楚："能多益日（Nutella Day）是一个为能多益爱好者而开的非官方的关注者网站。它并不代表费列罗公司（能多益制造商）的官方观点或意见。"2007年，这两个年轻进取的博主发布了关于榛果酱的食谱和新闻，多年来一直没有问题，每年都在2月5日定期庆祝世界能多益日。但是后来，很可能是由于费列罗公司法务部"自动机制"发了一封正式通知函，在2013年5月25日也就出现了一个震惊全球关注者的帖子，进而演变为媒体事件："跟世界能多益日说再见？"似乎这个网站要关闭了。

不过，几天之后费列罗公司平息了这起事件，让那些想在网络上尽情表达的拥护者和"绝对"防御的支持者之间的争论得到一个双方都满意的平衡状态。实际上，费列罗公司的一个声明里解释说："随着费列罗公司与能多益非官方关注者网页主萨拉·若松积极直接的接触，这件事也就此结束。费列罗公司要真诚地感谢萨拉·若松，感谢她对能多益的热爱，当然也包含了对'世界能多益日'所有关注者（达数万人）的感谢。"因此该网站同样地活跃着，多亏这精彩的一句话："费列罗公司自认为是十分幸运的，能拥有像萨拉·若松如此忠诚及富有奉献精神的能多益关注者。"2014年，在能多益50周年庆里，一段有关她的访问发布在费列罗公司的网站上，以表庆祝。

6
一个友谊的品牌

网络2.0时代改变了许多传媒策略：只通过展示网站，如能多益在线社区或能多益威尔社区，是远远不够的。需要过渡到"听和对话"这一阶段，即双方产生互动，在开启或分享内容的地方创造对话的空间。品牌扩展进入一个新的维度，一个更为社交的维度。在意识形态和宏大叙事减退的时候，往往是经济危机出现的时候，品牌变成了身份聚合的形式。

消费者通过广告或产品包装也参与了新的视觉识别定义。"他（消费者）在消费阶段成为有创意的演员，而在重新组合分配和再创造广告、信息和品牌标志时又变成了拥有不同程度技术专长和写作能力的'消费-作者'。"（劳拉·米内斯特隆尼）因此需要提供丰富的信息、指导、娱乐内容，这样就会被当成一件有趣的事而被接受，避免出现"信息过载"，以致刺激手段和新闻的轰炸让人分心而无法获取品牌广告的意图。

克里斯·安德森十多年来一直在《连线》杂志担任主编，他在

2006年写道："我们生活在每个消费者都有扩音器的时代。很多人正在使用它，而企业也尽可能地去听。"费列罗公司在其"品牌社区"上就学会了倾听，一直到最近几年在更多的社交媒体上仍然不断地倾听，这些媒体包括脸书、推特、优兔（只分享了视频）、照片墙（Instagram）和拼趣（Pinterest，发布照片）。这些网站最初是为了注册用户能够建立个人或工作关系，之后慢慢地变为一个虚拟的"集市"，在这些网站上，口碑传播的力度被放大了N倍。从2010年开始，能多益的市场营销在这个"集市"内致力于提升用户对品牌的归属感和忠诚度，为此打开几个主题与用户直接对话：促销活动、采用的原材料及包装的大小等。它还与社交媒体及公司展示主页保持非常紧密的联系，从未放弃过，并不断地创造出新的专题网站和广告：

能多益体验网站（Nutellaseitu.it）提供给消费者一个体验产品的新方式，并且提供刻字标签，让消费者在上面写下自己的名字（它不算是一个品牌屏蔽测试）；

Ilvasettomezzopieno.it，被定义为"热情的杂志"，让美味开启新一天；

能多益故事网站（Nutellastories.com）用于50周年庆（庆祝整个2014年），并且在5月18日启动一个世界级的约会，在网上收集挚爱榛果酱者关于"能多益陪伴我的美好时刻"的故事。

费列罗公司面临数字战略改变的需要在社交网络上（不仅在意大利）开了能多益的官方账号，公司的公报也十分清晰地指出：巩固品牌感情资产，进一步发展与关注者们的亲密关系，培养早餐使用产品的愿望。这就是那一阶段的主要目标。

第一个动作是在脸书网站，也就是马克·扎克伯格创建的平台上，于2014年2月与12亿用户一同庆祝了它的10周年。根据博客米特（Blogmeter）公司社交媒体策略师文森佐·科森扎（Vicenzo Cosenza）在2014年1月做的分析，脸书是世界上用户最多的社交网站，超过了QQ空间（拥有6.23亿用户）、谷歌+（3亿用户）、腾讯微博（中国微博，拥有2.2亿活跃用户）和推特（2.18亿用户）。这个统计数字是根据每月活跃用户（MAU）而得出的，即在最近一个月内至少活跃过一次的人。在意大利月活跃用户估计有2 700万，其中1700万用户是使用智能手机登录的。

那些在"书脸"（意大利报纸在脸书网站2008年出现的火爆现象后幽默地这样称呼它）的用户之间的关系被显示为"好友"，人数最多限制为5 000人。当然这不是真正的友情，而是产生于不稳定的社交网络。社交网络上由于人们对"网页"十分有兴趣，也就产生了没有人数限制且由品牌管理的另一种交往方式。只需要简单地在脸书网站上点击它著名的"赞"图标，就可以与它连接并保持更新。那个虚拟图标（蓝色竖起的大拇指）是古罗马的一个符号——在斗兽场上，皇帝和人民想要救一个角斗士时就会竖起大拇指。就像其他许多品牌，费列罗公司也选择在脸书网站上开设建立能多益网页：从那时起就开始通过营销方案来调查研究能多益的关注者。

当然，不仅限于脸书网站，因为推特网站作为不断增长的社交网站，它的用户比起那些在脸书网站平台上的用户更高产、年轻，无论在技术上还是文化上都更超前。在脸书网站上建立关系和进行内容的相互交流：图片、视频、个人记录及没有字数限制的评论，然而推特网站则更为单向性和即时性。推特这个名字由鸟叫声而来，小鸟也就成为它的图标。其用户为舆论制造者、政客、名人、记者、足球队员及传统媒体（电视、报纸）人：他们必须能够熟练地把自己的想法、笑话、对电视节目或事件的评论及要发布的新闻等浓缩为140个字符的内容。在该网站，对话可以涉及所有内容，当然也包括商标。它的用户主要使用智能手机（平均75%的用户），在意大利约有330万的人注册：根据2014年1月博客长春花网页（Vincos.it）提供的数据，推特网站活跃用户大约是脸书网站活跃用户的十分之一。通过主题标签，即使是现如今已经进入我们日常生活的"#"，每个人都可以阅读任何一个账号的推文。而脸书网站只允许成为网页的关注者或"好友"的情况下才能阅读其内容。推特网站的注册用户都连接有大量的其他用户，即追随者，可以自由地"看鸣叫"。

在社交网站上存在着一些规则，能多益就是在这些规则之间运行：不再处在一个如同能多益在线社区网站一般被管控的环境，在这个新的环境中营销人员集中注意力于三个"F"：Friends（朋友）、Fans（关注者）、Followers（追随者），这是在品牌内容营销语言中的新信条。如果你想增加你的"F"，就必须向网站不断地（而不是片段地）提供内容。

第一个目标就是在关注者和追随者之间提高其可见度，这样就可以通过分析工具脸书洞悉（Insights）、推特分析（Analytics）及优兔分析（Analytics）来获得准确的投资回报率指标。

接着，还须对用户在回复和对网页感兴趣方面的参与度做一个评估。这个评估结果往往因选择平台的不同在算法上有所出入。事实上，帖子的平均流量（一般表达为"访问量"）会有很多变化：最近几年，脸书网站的管理层知道，他们的平台上有许多品牌，所以他们尽力引导这些品牌进行广告投资。所有的分析将有助于公司通过营销计划的投资回报率（Return On Investiment）来知道：因特网是最容易进行测量的媒体，但是必须正确地使用指标（文森佐·科森扎在他的

《社交媒体投资回报率》一书中也持这样的观点），以让"关注者和追随者成为满意者，甚至成为品牌忠实的拥护者"。

脸书网站上的纪录

"欢迎来到意大利能多益官方网站关注者专页！脸书网页为您更新能多益帝国最独家的官方新闻。这里充满着无数的新奇和惊喜！保持同步，与我们一起感受激情！"这是意大利能多益在脸书网站上发布的第一张帖子，发布于2010年4月15日。仅仅两年的时间，脸书网站注册人数大幅度增加，这也显示在长春花网站博客中关于意大利用户增长速度的图表中。

2008年到2013年，意大利脸书网站用户与能多益关注者专页用户数量

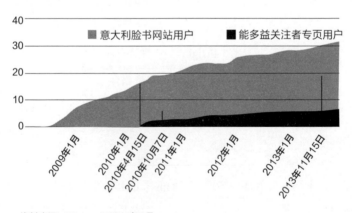

资料来源：Vincos.it,2014年1月。

费列罗公司将脸书意大利网站的开户任务委托给新网络（Neo

Network）公司［2011年称为佐迪亚克活性（Zodiak Active）公司］管理，并且管理到2013年2月。

到2010年10月7日，短短几个月，"我赞"点击量达到了200万；到2013年11月15日，活跃关注者达到了500万。就此，该网页位居意大利所有品牌管理网页的首位。

由于脸书网站上的原语言是英语（如今，可以用80来种语言发布帖子），费列罗公司在开设意大利账号的同时也开了一个国际账号。这个账号主要针对美国公众，但是受到包括意大利在内的全球爱好者关注。因此，在社会活动家（Socialbakers.com）网站（一个监测媒体、名人、政客、体育冠军及在全世界或各个国家排上名次的人物）上公布出来的品牌排名中，指明排在意大利前十名的有两个能多益网站（见表2-2）：330万的关注者是意大利居民，170万的"赞"来自其他国家；英文网页也很受欢迎，当然，里面也有意大利的关注者。

表 2-2　在意大利脸书上排名前十品牌

品牌	全球关注者（百万）	其中意大利关注者（百万）
能多益意大利	5.0	3.3
亚马逊	3.0	2.9
能多益英文版	18.7	2.6
可口可乐	79.5	2.2
三星意大利	2.1	2.0
诺基亚意大利	2.0	1.9
健达巧克力	2.5	1.8
奇客（Kiko）化妆品	2.0	1.7
盼滴星（Pan di stelle）	1.7	1.6
意大利电信移动公司（Tim）	1.7	1.5

资料来源：Socialbakers.com，2014年2月。

在国际排名中，能多益"全球"网页（英文版）拥有1 870万关注者，居于第32位；排在它前面一点的是费列罗榛果威化巧克力，拥有1 990万关注者，居第30位。一直居于首位的是可口可乐，拥有7 950万关注者，随后是奥地利的红牛能量饮料，拥有4 270万关注者；再就是美国的匡威，拥有3 950万关注者。

能多益在脸书网站上有20页网页，每页分别专注于一个国家："根据2014年2月的数据显示，在意大利之后的是巴西（超过200万关注者）、德国（160万关注者）、法国（130万关注者）、土耳其（43.8万关注者），所有品牌都在增长。费列罗公司对旗下其他产品也采用同样的战略：健达巧克力、费列罗榛果威化巧克力、嘀嗒糖、夏日茶，等等，它们的关注者量的排名都在最前位。2012年6月22日，费列罗公司官网上写道："十分自豪，在意大利脸书上我们的16页网页的关注者量达到了1 000万人，十分值得庆祝。"尽管能多益已经"涂抹"上了因特网，但它不会止于在社交媒体上的自发崇拜：在脸书网站上敲入"能多益"，就可以搜索出上百页的其他页面和非官方团体。

在网络上管理策划品牌的公司现如今必须具备新的专业技能：社交媒体经理比起那些管理能多益在线社区或能多益威尔社区的社区经理的工作还要更加细致、微妙些，因为社区经理采取的是适度干预。但现在仅仅掌握一些算法、能够进行一些算法或快速地在因特网上"黑客"一下等这样的平台技术是远远不够的。他们应该知道如何使用正确的语音（使用的语言和目标都与众不同）在脸书或推特网站上进行广告活动，并且能努力做到在外围进行的品牌"政策"与关注者的自发性达成一体。反过来说，品牌经理必须具备评估这些公司编辑策划好的计划和委托给新闻办公室或公关部的话题。

品牌恋人社区

"对我来说，能多益具有某种魔法。我还记得当年自己去上幼儿园的前几天……刚开始与妈妈分离时，我（也包括所有的小朋友）觉得十分难过，还依稀记得当时的泪水和恐惧的感觉，在楼道大喊大叫，以及楼道里飘着从未闻过的香气……但是还是觉得难过，因为我想家，想我的玩具、一些习惯，还有妈妈的呵护……慢慢地度过了那个阶段，可是仍记得最美好的时刻就是拿着装着点心的小篮子，把它抱在怀里，觉得它就是属于我的；把小餐巾和玻璃杯取出来，又取出了用保鲜膜裹着的小面包，褪去包装，里面就是我最心爱的能多益……小面包里夹着情感、香味和许多许多的爱。对我来说，能多益是我童年的主要记忆，直到今天，可丽饼都要配着榛果酱一起吃。"2014年2月贝娜蒂塔（Benedetta）在意大利能多益故事网站上写道。

这是千万个真实故事之一。2014年年初，在费列罗公司为庆祝50周年而开设的网站上涌现出许多这样的文章。说服在脸书网站上注册的人来讲述他们对榛果酱的爱，是一个成功的营销案例：事实上，500万能多益的关注者组成了意大利在线最大的品牌恋人社区。2012年11月，在米兰市黛琳斯泰利奈宫举行的第三次"社交案例历史论坛"（主要是研究社交媒体的营销项目）中，专门介绍了这个网站。佐迪亚克活性公司品牌业务部门的副主席达维德·斯科特吉奥（Davide Scodeggio）在"社交案例历史论坛"上解释道："如果我要在一个聚满榛果酱关注者们的广场上发表演讲，很有可能观众都期望我给他们讲讲有关能多益的神话或如何组织一个能多益主题舞会。但是，如果我一开始就讨论关注者们崇拜的产品的营养成分，并解释它作为早餐有多么棒，我想，大部分人很有可能就转身离开了。"所以，企业需要一个模板，一个可以帮助企业了解人们（基于活跃观众）对能多益的兴趣所在。费列罗公司列出四个不同阶段：

其一，品牌针对大众：用信息和娱乐等内容来唤醒用户的注意力。这个阶段在能多益的网页上展示了收集的关于早餐、"早安"理念的文章，以及视频、游戏、图像等更能唤起人们情感的项目。

其二，品牌针对个人：互动工具、竞赛和游戏都是为互动而设计的。消费者被引导分享个人的信息，为了这个目标还在2011年6月开启脸书网站上 "面包和能多益" 的应用，允许在一块虚拟的面包上涂抹名字或消息等，以个性化标签为先导。

其三，大众参与品牌：在社区中进行对话和分享是一个"授权"的阶段。这个阶段大部分的关注者都参与，通过有奖比赛进一步分享个人细节。

其四，大众到大众：鼓励关注者成为"品牌大使"、自发的品牌"叙述者"，他们通过自己作为热情消费者的一些经验，去传"福音"给其他人。

这个项目的真正创意和战略价值在于，知道如何领导存在于品牌挚爱者中的能量，并且把它转化为"汽油"，以提供"燃料"来维护长期关系；还要驾驭好它，避免偏离了品牌及其定位。得益于这个策划活动，仅仅两年的时间，能多益在脸书网站上的帖子就增加了7.5倍，互动帖子达60万份。这些帖子一开始还只是讨论所有不同种类的面包如何配上榛果酱，后来逐渐说起一些故事和复杂的状况，再后来慢慢地投入了更多的情感。由此，访问官方网站的独特访客也超过了100万。

营销机构通过专注于品牌的脸书网页得出相关分析，有"互动率"指数（通过复杂的算法来计算已读帖子及转发的数量）和PTA（People Talking About）价值，即"正在讨论专页"，它是由脸书洞悉（Insights）分析工具提供的，用来计算有多少人通过互动、链接、阅读帖文等方式正在跟网页进行"讨论"。PTA显然是十分易变的。比如，社会活动家公司（Socialbakers）[1]曾指出，在2013年9月和10月间，当开启个性化标签促销时，一个狂热活动着的峰值围绕着能多益的网页：大约从1万到20万。

博客米特公司的文森佐·科森扎解释说："能多益是一个高知名度的品牌，是随着时间建立起来的，它知道如何利用好脸书可用的病毒式传播的共享机制。它寻到了一块肥沃的土壤，因为它是一个消费者至爱品牌。但是，评估如何在平台上运作好一个品牌，关注者量并不是唯一考虑的度量标准，还应该考虑互动率。也就是说，还应该考虑在用'赞'表达爱意之后，还愿意每天与能多益互动的用户数。"

今天，企业越来越难以捕捉用户的注意力，也是因为在内容方面传统媒体有了竞争者：报纸和电视都发现，脸书网站可以很好地传播消息。他们也考虑到连接社交媒体的方式，因为只要通过一个智能手机就可以通过脸书网站互动，而且由于存在即时性，所以用户有时间对消息产生反映和引起兴趣。在波涛汹涌的互联网大海里，能多益

---

[1] 是全球权威的社交媒体平台数据分析公司。

在2011年时就非常受用户认可。意大利电子商务市场调查研究机构Demoskopea（人口学）授予费列罗公司最佳社交网页奖，获奖理由是因为"它与消费者互动的能力"。

年轻艺术家的线上"达人"展示

20世纪60年代以来，能多益蜿蜒的百利金小罐子不知道"诱惑"了多少设计师。它那柔软的标志性的形状是设计师争相效仿的对象，甚至在2006年米兰家具展中，三位知名建筑师设计的冰箱和五斗柜等都被命名为"榛果家具"。这样在"我们是能多益"的经验之后，营销团队试图通过一些达人展示，并且通过品牌关注者们在线投票的方式，把艺术也搬到社交媒体上；随后发展成由消费者来选择杯子的弧度，最后投入生产。

在数字时代，网络2.0无疑影响了许多企业。其中一个代表性案例就是，跨国公司联合利华针对旗下的和路雪优胜者玉米饼，当它在超市消失13年后，于2014年宣布要重返市场。那些在20世纪90年代十分火爆的奶油糖果味冰淇淋饼干，至今仍让其关注者们（大多为30~40岁）难以忘怀。于是，他们通过一个脸书群提出重新制作生产它们的请求，因为这个冰淇淋饼干使他们回忆起童年享用点心的美好时光。美国盖普（GAP）公司是在全球拥有3 000家连锁店的服装巨头，在2010年，他们不得不放弃更改白蓝徽标的决定，因为他们的忠实消费者对此意见很大。"客户永远是对的。"这个老规矩在网上的效果更加显著。

几年前，费列罗公司通过一次关系营销，让消费者参与"由你成为健达小童星"的包装设计活动。1974年，金发碧眼的德国小孩首次在牛奶巧克力块的包装上亮相，至今已经超过30年，一直没变过。当公司把小孩换掉时，客户和媒体都感到有些沮丧。随后，到2009年时，费列罗公司决定利用人们对"健达小童星"的关注度，进行一次面对父母的竞赛："如果你们的孩子在3岁到10岁之间，那么推荐他（或她）成为我们新标签上的照片吧。"广告发布之后，照片就像雨点般往皮诺托里内塞市降落。

受到这次活动启发，佐迪亚克活性公司通过"电视达人秀"模式，连续发起了三个新的活动。现在，"X因素"和其他类似的电视比赛也是收视率大涨。有许多年轻的艺术家也乐此不疲地参与其中，进行一些创意比赛活动，最后由脸书网站上的关注者根据他们的表现来选定获胜者。

第一个比赛名为"美好的早晨"：要求参赛者在200克装的能多益杯子上设计一个限量版的图案。为此，费列罗公司还与欧洲设计学院（IED）合作——该学院在意大利不同城市都设有分院。于2012年的4月2日至15日，经过筛选，社交网站上公布了4张有趣的照片，然后就此进行投票选举活动：最后的获胜者是欧洲设计学院罗马校区25岁的达维德·斯卡尔帕杜尼奥（Davide Scarpantonio），籍贯为阿斯科利皮切诺（Ascoli Piceno），他于10月4日在阿尔巴获奖。他的名为"有趣的早晨"（Funny Morning）彩色玻璃系列杯子，随后在费列罗工厂里生产出来。

几个星期之后，在2012年的7月23日到8月2号，网上开始了以"达人眼里的早安"为比赛主题的投票活动。此次活动与帕瓦罗蒂基金会合作，并有许多新兴的年轻专业歌剧歌手参与。帕瓦罗蒂曾经演唱的歌曲《早安》是此次比赛的歌曲，在该年也被用在了能多益的广告里。9月7日，8位参赛选手在摩德纳市政府歌剧院与女高音蒙茨克拉特·卡巴耶、艾莉莎、罗伦佐·乔瓦诺蒂、祖凯罗等一起参加由"卢奇亚诺的朋友们"组织举办的纪念帕瓦罗蒂逝世5周年音乐会。比赛淘汰到剩下4位歌手时，他们比赛的视频被放到网上：品牌热爱者们最后选择了32岁的女高音琴姿雅·岑彤紥，她祖籍阿雷佐。

2012年11月，第三个比赛在都灵一个独立设计的展销会贸易厅举行。两个针对能多益产生灵感的作品获奖。一个是《超级能》：由Besign设计室的米歇尔·莫利和法布里斯·巴尔德吉亚一起完成，由一张书桌并配着一张小椅子，材料为再次利用的纸板。另一个是名为《握紧我》的可丽饼煎锅，根据原籍阿尔巴尼亚的莫利斯·谷轧（Moisi Guga）设计图纸制作，灵感源于奇幻绘画大师马格里特。

最后，2013年5月，对能多益新包装的广告是瞄准商店销售的一次营销运作，采用了最传统的策略，即食品企业经常用到的增加产品可见度的策略：大幅度地占满超市的货架。但是，费列罗公司想以一种创新的方式来运作。通过街头的海报、报纸及在脸书网站上传播交互式视频等途径把主题为"每个家庭都有自己的早安"的广告推送给大众。脸书网站上的视频被设计为三个微型小说，它是介于图片故事和视频之间的一种形式，跟情景喜剧差不多。不同类型的能多益人都搭配不同主导颜色的能多益罐：630克的蓝色罐子是设计给吉奥佳和马克的，他们是一对没有孩子的年轻人；825克的绿色罐子量身定做给意大利典型的家庭：乔万尼、路易莎和他们的宝宝卢卡；最后，1千克黄色的大包装设计给四位合租一起的大学生们。与一起享用早餐的温馨家庭为主题的传统广告相比，这次的广告略有改革。此次运作比较复杂一些，需要采用叙述故事的方式，而且要紧扣"早安"这个广告主题，还必须进行调整及制作视频并上传到网上。

由此也可以看出，能多益的营销战略有所改变：在数字媒体上的投资强劲且大幅度的增长。如今，大型的食品公司都在不断地增加在数字媒体上的投资：用于网站上的投资，占推广预算的10%~20%。

能多益的推特

因特网上最新大获成功的社交媒体推特网站，在紧跟每一时刻的主流内容上，以速度、创意及互动著称，但还是给一些刚刚开始使用它的一些品牌带来了不少的困难。事实上，能多益在2010年就开始使用推特网站了，在2014年头几个月里，其意大利账号上就拥有了10万的跟随者。在美国也有一只"小鸟"叽叽地叫："一次一声'鸣叫'地传播能多益的喜悦。"市场营销战略深信，在这个平台上最重要的是知名人士的支持和领导者的意见。事实上，在推特网站上产生"病毒式"现象，不是因为有这个品牌，而是这个品牌成为别人议论的话题。列举一个最具"病毒式"的推广文章之一，它就是嘎嘎女士（Lady Gaga）在2011年1月26日写的："好吧。首先，我爱能多益（搭着香蕉和神奇面包），谁不爱呢？其次，难以置信《荣誉边缘》居然成为潮流，狡猾的怪物！"嘎嘎女士是美国歌手，真实名字叫史蒂芬妮·杰尔马诺塔（Stefani Germanotta），她拥有4100万追随者：追随者数量在全世界排名第四，仅在凯蒂·佩芮（5040万）、贾斯汀·比伯（4960万）和美国前总统贝拉克·奥巴马（4140万）之后。嘎嘎女士这次自发地表白爱意，对能多益来说，比以往任何一次推广活动都重要，而且最主要的是，那时能多益热还没有在美国爆发。

事实上，从追随者排名来看，传统品牌在推特网站上推广开来并不容易。根据2014年2月份的数据，可口可乐才"刚"到220万的关注者量，而在脸书网站上已经有近8000万。发表于2013年《福布斯》杂志上的一项研究表明：最有号召力的品牌（可以与其客户建立一个真正的社区）是"Notebook of love"，它是一个美国的网站，引用一些关于生活、情感、心灵的简短感言与朋友分享或通过个性化T恤展示。市场营销专家马克·菲特蒙（Mark Fidelman）指出，一个品牌能够在推特网站上有所突破，就得有人回复询问者——注意，一定要一直回复他们，然后要知道如何创造有意思的话题和内容。如果你认为这个社交媒体仅仅如广播般地单向传播，那么你就错了。

几百万的推广文章可以提供一个对品牌美誉度现场阐释的机会：以前做调查测验，需要挨个打电话或组织调查小组来倾听并收集客人的反馈。根据大数据技术的应用，即在一定的时间段内收集大量的推广文章并对其进行分析研究，如今可以通过网络对自然语言进行解析，从而可以对感情进行分析。在此，应该感谢加利福尼亚州的杰克·多西（Jack Dorsey）创建的这个社交媒体运行规则：它的内容是向所有注册者开放的。因此，对推广文章的监测可以获取一个品牌、一个电视节目、一个政治人物或一个歌星的数据。

美国弗兰德马奇德联合研究咨询公司（Frank N Magid Associates）在2014年初的几个月里对推特网站用户的概况进行了一项调查，弗朗切斯科·鲁索（Francesco Russo）在他的InTime.it的博客中对这项调查总结道："研究表明，推特的用户平均年龄为34岁，而其他社交网络的用户平均年龄为37岁。另外31%的用户年收入高于7.5万美元，他们喜爱并且持续地购买高科技产品，花在推广文章上的时间也比其他用户高出19%。而且，青少年段的用户增长强劲：在2013年增长率高达44%。"

我们现在讨论的是有着经济实力的消费群，他们对企业来说十分有吸引力。有时，品牌也会无意地进入大数据的调查中，比如"通过140字的'镜头'来欣赏这个美丽的国度——世界的意大利"的能多益。此项分析由意大利商务咨询集团的阿尔玛波（Almawave）公司负责：从2013年的9月24日到10月28日这一个多月的时间里对6种不同语言（英语、法语、德语、西班牙语、葡萄牙语和意大利语）大概780万条主题为意大利的推广文章进行分析。到2014年，监测项目还在继续，收集的推广文章达到31 076 637条。结果也令人相当吃惊：巴洛特利（Balotelli）、卡布里岛、比萨饼……还有能多益也是网上一个热门的话题。在推特网站上经久不衰的一个主题就是体育（40%的引用率），其后的（引用率）分别是：旅游（15%）、政治（8%）、大事件（6%）、经济（6%），等等。还有就是对意大利的美食和美酒的兴趣与日俱增：基安蒂在葡萄酒排名中占主导地位。然而我们典型的产品还是一成不变：比萨饼占25%，排首位；其后是面食，占18%；再就是咖啡，占11%。比较新奇的是，松露和能多益都光荣地赢得了2%的比例。榛果酱再一次被认为是意大利制造的一面旗帜，与其他传统特色相互竞争。

阿尔玛波公司的首席执行官瓦莱里娅·森德（Valeria Sandei）解释道："大数据的分析能构成一个有效工具来'拍摄'当下，因为它们向我们讲述了这个现实世界，并且提供了我们意想不到的解读要诀。""世界的意大利"活动再一次展示了高科技能提供给品牌十分有价值的分析。阿尔玛波公司的员工强调新的语义——本体平台"Iride Customer Centric Suite"（客户中心），它能够监测社交网站生成的非结构化的大数据。我们可以通过使用它来得出结果，我们说的话、开的玩笑、数字和叹息都成为十分珍贵的市场营销信息。意大利"伟大兄弟"（Grande Fratello）的真人展示是否一起也在监控中呢？并不全是，因为要尊重个人的隐私。对所有数以百万计的推广文章的要求只是一个趋势而已，不过，人的感情是可以被捕捉的。瓦莱里娅·森德认为，在推特上产生的自发性是一个巨大的资源，它可以使公司或者一个产品知道它们的品牌声誉。"我们的模式是使用不同的技术驱动程序：除了还可以通过大量的数据来取得一些证据的统计，我们还使用一种语义的工具来分析语言，采用本体来解释话语并把它放在特定的范围内。"

大数据或许就是市场营销的未来，因为它能够预测调查：通过预测推广文章"现场"来了解在选举中的政治领袖有多少人赞同、一个新的产品名字是否会被接受，或改用不同标签的包装是否会被喜欢。重要的是，品牌能够提供给它的爱慕者们原创的内容：这是品牌娱乐的前提。

在1964年时，只有节目《卡洛塞洛》，但现在的能多益已经长大成人了，知道使用最新的技术在全球传媒的海洋中遨游。

上图　1947 年，费列罗在阿尔巴建立的第一家工厂

吉安杜佳巧克力是能多益的前身——用锡箔纸包装着面包状的榛果巧克力，需要用刀切下，就着面包一起吃。

下图　费列罗第一个商标，上面画有都灵脸谱——一直使用至 1954 年

上图　1949 年，榛果巧克力从固体状变成可涂抹状，就此诞生了超级榛果酱

在意大利，费列罗公司的车队规模仅次于意大利陆军，位居第二。

下图　老鹰（Eaglemoss）出版集团于 2012 年起，为"古典广告车"系列按照 1∶43 的比例制作的费列罗公司历史经典货车模型

米兰风格工作室设计的
第一批能多益的广告

在这幅获得专利的设计
图中，画着一块抹有榛
果巧克力酱的面包。

nutella

Una delizia da spalmare sul pane

Servitela al mattino: NUTELLA è la razione di sostanze più sane che ci regala la natura: zucchero, nocciole, latte e gusto di cacao. Spalmata sul pane, è la colazione eccellente che mette buon umore a chi la serve e a chi la gusta. Il lavoro rende, e la fatica non pesa, con NUTELLA al mattino!

BICCHIERI DA 110-160 LIRE + PUNTI EUROREGALO

1964 年，报纸上刊登的一则广告就已瞄上了早餐面包的搭配

brava Mamma
che hai scelto
Nutella!

(...e fuori casa) la nuova confezione

nutella
MIGNON
da 30 lire*

In casa a colazione, tutti fedeli al bicchiere Nutella. Ma negli spuntini all'aperto, ciascuno ha la sua parte pronta e sigillata: è la Nutella Mignon! Che piacevole trovata: c'è anche lo spalmino!

Tanta buona sostanza, sana e leggera... Nutella una delizia da spalmare sul pane.

*Confezioni da 30, 120, 160, 200, 400 lire

FERRERO LA MARCA APPREZZATA IN TUTTA EUROPA!

上图 1966 年，费列罗公司向市场推出了袖珍包装罐——米兰风格工作室设计的新包装

左图 一个好心巨人抓获雀鹰乔·空逗：里面展示的建筑物正是费列罗在皮诺·托里内塞的办公楼

罗曼诺·贝托拉（Romano Bertola）为《卡洛塞洛》创作的卡通系列于 1971 年播出。

depuis nutella
les noisettes ça se tartine

LE LAIT,
LE CACAO,
LE SUCRE
AUSSI.

De mémoire de mère de famille, on n'a jamais vu ça : des noisettes, du lait, du cacao, du sucre sur une seule tartine. Pourtant ça existe.
Une tartine de Nutella, c'est un vrai goûter complet. Plein d'énergie. Et de l'énergie,

vos enfants en ont besoin toute la journée.
Donnez-leur Nutella au goûter. Un second goûter du matin à 10 h, au petit déjeuner ou au dessert. Avec Nutella, c'est toujours le goûter.

FERRERO

Dulcis. SA. (76)

QUESTA SERA IN CAROSELLO
FERRERO
presenta

le memorie di un
DIPLOMATICO
che vi ricorda

nutella
una delizia
da spalmare sul pane

In confezioni da 30, 120, 160, 200, 400 Lire

FERRERO
LA MARCA APPREZZATA IN TUTTA EUROPA

20 世纪 70 年代，在法国，费列罗公司建议大家在早饭或下午用点心时，涂抹一些能多益；在意大利，电视短剧广告系列仍在继续。

1979 年至 1984 年间，在儿童杂志上刊登的广告中，展示出了一张张世界各地儿童的笑脸。

Che mondo

nutella
MAGNETIC

un gadget génial
dans les pots de nutella

Il y a 8 personnages différents !

L'ODYSSÉE DES GRANDS FONDS

L'EXPLORATEUR AUTONOME

Tu trouveras dans les pots de Nutella, de fabuleux
personnages, les "Magnetics" inspirés de l'Odyssée des
grands fonds. 8 personnages différents à collectionner !
Ces personnages, grâce à un aimant incorporé au dos
tiennent tout seul sur un très beau collecteur,
et te bougent comme tu le veux !
Tu peux tout faire avec, mettre en scène
de fabuleuses aventures sous-marines.
C'est fantastique !

nutella : la nature est aussi sous la mer

费列罗公司创造出的成效
最显著的广告结束语要追
溯到 1994 年："没有能多
益的世界将会怎么样？"
在法国，附送礼物给小孩
子的推广活动仍在继续。

上图　在聚会中，有能多益
出现的一个出名的情景

左图　一张 2002 年的明信片

1994 年后，能多益的广告活
动经历了最动情的时刻。

在整个欧洲，都进一步
深化了妈妈分配抹有能
多益的早餐或午后点心
的角色。

画有十二动物图案的杯子在 2001
年取得了巨大的成功，就像推广活
动中提供的带有能多益徽标的早餐
配具一样。

2012 年，通过帕瓦罗蒂原声带的《早安》，费列罗公司在意大利的 5 个城市组织了一项新的广告活动，并开展了一些宣传活动，比如支持意大利环境基金组织的活动。

上图左上，由博客主萨拉·罗索创作的"世界能多益日"徽标，并带一句漂亮的抗压口号；下图右下，带有博特罗风格的"能多丽莎"

一些与包装罐有关的设计图重塑。具有玛格里特风格的设计图是由莫利斯·谷轧在 2012 年的比赛中创作的。而带有博特罗风格的"能多丽莎"（Nutel Lisa）则分别在 2007 年和 2012 年贴在土耳其一博客主的网站 Cafè Fernando（费尔南多咖啡）上，以庆祝世界能多益日。

nutella®
The original hazelnut spread®

At breakfast, you can use all the help you can get. That's why there's Nutella.®

A unique hazelnut spread made from wholesome ingredients such as roasted hazelnuts, skim milk and a hint of delicious cocoa. Use Nutella® spread on all kinds of nutritious foods—like multigrain toast—to add a touch of flavor and give your kids a tasty breakfast you can feel good about.

- More than 50 hazelnuts per 13 oz. jar
- No artificial colors or preservatives
- Made with high-quality ingredients

Nutella®...*Breakfast never tasted this good!*
www.NutellaUSA.com

© FERRERO

Visit www.NutellaUSA.com to learn how Nutella® can add great taste to your balanced breakfast.

2009 年，费列罗公司在美国发起了广告活动，向美国人介绍能多益。

设计家米开朗琪罗·乔比尼、马泰奥·米利奥里尼及马克·萨尔诺在 2006 年的米兰家具展上，展出了他们因创意灵感来自能多益而设计的家具。

左图　一个用聚碳酸酯材料制作的抽屉柜
下图　2003 年，法国费列罗公司制作的能多益广告，为沃荷风格的设计

TELL US YOUR STORY

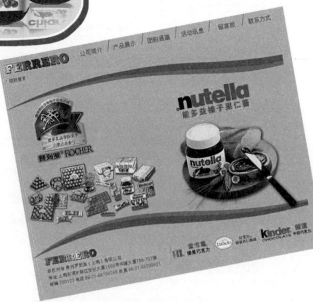

2013 年秋天，"能多益就是你"
推广活动取得了巨大成功。之后，
在 2014 年初，为了庆祝能多益成
立 50 周年，在全世界发起了"告
诉我们你的故事"活动。

下图 费列罗公司的中国网站：一
个新的发展前沿

第三章

能多益公司

7
能多益城

能多益那令人陶醉的香气勾起了人们对童年的美好回忆。当阿尔巴的风儿从蒙维佐山（Monviso）吹过时，烤榛果的香气飘向红色的中世纪塔，拂过圣洛伦索大教堂正面的福音传教士的浮雕，充溢着萨沃纳广场上空。广场上坐着许多喝着开胃酒的人。阿尔巴的人们已经十分习惯这个从能多益城散发出的怡人的"榛果污染"。有时，在"白塔之城"（即是朗格大区的首府阿尔巴城）的上空飘着薄荷糖的香味；有时，则是浓烈的可可的香味。每一天在能多益城"好心巨人"的广场附近都停着十来辆卡车，它们等着把原材料装运到大仓库里。4 000多位员工穿着工作服，戴着工作帽把它们转变成令人垂涎欲滴的特色产品。实际上，机器和电脑的工作量更大：在线上的员工负责管控、排列、按按钮及读取报表。一切都是在无菌的状态下采用高科技全自动运作。从"好心巨人"那运出的不仅仅是能多益（每天都满负荷地运出55万罐），还有2 000万颗费列罗榛果威化巧克力、健达巧克力块、夏日茶、嘀嗒糖及其他产品。能多益城占地面积为40万平方米，有阿尔巴古城区那么大，是欧洲最大的甜品生产基地，它是自1964年彼得·费列罗在此开设第一家工厂以来历经50年时间逐渐成长起来的。

一切都是从皮埃蒙特南部那长满"好心巨人"喜爱的榛果的丘陵腹部开始的。如今，费列罗公司在五大洲已经有11座能多益城：即使收集意大利所有的Corylus avellana（榛子的学名），也无法满足它们的需求。

还好，榛果不仅来自意大利，还来自土耳其、智利、格鲁吉亚和南非，可可、牛奶、糖和其他构成也是一样的。对费列罗公司而言，每年原材料的供给都变成了数十亿欧元的生意：费列罗公司总是在全球寻找优质新鲜的原材料，其专家都是一步一步地跟踪整个供应链，在有些年头里，他们还对榛果的农业种植直接进行管控。

关于特色产品的成分，米歇尔总是坚持不懈，从未妥协。在阿尔巴的实验室里，小彼得（毕业于生物系，于2011年去世）曾经引进了一套监测原材料是否为转基因产品、是否受到污染的设备，以此来清除受到污染的原材料。费列罗公司是第一家应用此设备来进行分析的意大利公司，它们认为这是理所当然的，从来都没有就此事向公众宣传过。在它们的20家工厂中，管控从没中断。至今，它们所想的是，如果在准备小点心过程中有500个"注意事项"，它们就必须告诉消费者；营销人员也很自然地把他们对产品的关爱，通过有效的传媒体现出来，直到变成USP，即独特卖点——竞争对手没有的、独特有利且可说服消费者购买的地方。

不过，当你穿着白色的工作服、戴着像面包师那样的小帽子进入能多益城时，你就会如同根据罗尔德·达尔小说改编的《查理与巧克力工厂》电影里的主人公查理·巴格感受到的一般：满眼的喜悦、扑鼻而来的甜甜香气，直击心房，只是没有任何监控设备。这里的每台机器都是最高机密，由费列罗公司工程部设计并维修。阿尔巴公司从一开始就决定：对每种新产品，从命名到包装都要通过一步一步地设计来实现。包装费列罗榛果威化巧克力的传送带长80米，专门用于优质甜品的加工。这条传送带在20世纪80年代"费列罗先生"时就开始使用。

"能多益岛"位于能多益城的中心，是一座2层楼的建筑：在第一层，将许多不同批次的榛果、可可、糖和奶粉进行混合，然后传送到一个旋转缸里进行精加工，把它们碾成粉状。

这就是能多益的秘密之一，它那不可模仿的质地感，实际上就是得益于精炼到微米的颗粒感：超过或不及这个"完美"的值，口感就会捕捉到不同的味道。随后，传送带把散落着成堆的"能多益粉"传送到一个巨大的与那些用来精炼巧克力的盆相似的热盆里。接着，在盆里加上素油和其他成分，通过移动的大型叶片搅动、混合两个小时：点石成金的神奇转化就这样进行着，那诱人光亮的酱就差不多出来了。然后，就进入热管道里运送到第二层作业，一直到包装线上。能多益人会为之惊喜：这儿有旋转的充满温暖榛果酱的圆形制动添加器把检查过的罐子填满——以1分钟装100罐的工作效率。整个工作流程的末端，是将能多益的瓶子和罐子冷却，并放置在低温的环境中，时间为两天，以此来稳定产品。最后，它们从"酒窖"里被运送到成品的冷冻仓库里，捆在"木乃伊"式（即用玻璃纸缠绕着）托盘上，做好送到超市前的准备。仓库是"好心巨人的另一个科技奇迹"：有10层楼高、100米长，完全自动化，能使费列罗公司物流在分发货物时做到无缝管理。

著有《浓情巧克力》一书的英国女作家乔安娜·哈里斯（Joanne Harris）是能多益的关注者。她参观完阿尔巴工厂后，于2012年12月7日在《共和报》上发表了一篇报告："像罗尔德·达尔的读者知道的一样，巧克力工厂里有魔法。我内心的小女孩被那庞大的规模、它的复杂性、每个运动中机器发出的声音、它那惊人的准确性及气味施了魔法……他们向我展示了工厂的最后一环，就是那里生产我喜爱的能多益。不过，时间已经是晚上了。我们经过一条有着排放巧克力蒸汽的神秘地下通风口的路。我闻到气味时醉了，就像被装在一个充满着童年气息的巨大罐子里一般。40年来，我第一次记起那些罐子。在吃完能多益后，出于节俭，我再次利用它们作为杯子，那些画有活泼可爱的卡通人物的彩色杯子。每一天，仅在阿尔巴工厂，就生产300吨的能多益。突然，我感到这些统计数字有了魔法，正经地告诉我们如何把干草转化为黄金。"

能多益的第一秘诀：榛果酱

能多益的配料是什么？如果你在费列罗公司里问他们这个问题，他们会像天使似的告诉你，所有配料都写在标签上：糖、素油、榛果（13%）、低脂可可（7.4%）、脱脂奶粉（6.6%）、乳化剂（大豆卵磷脂和香草醛）。这些就是所有配料。事实上还有一些秘诀，就是如何作业和搅拌这些材料。让产品受到崇拜的口头禅就是：永远不要改变，让光环绕着产品，不受侵犯。

伊丽莎白·坎德勒是可口可乐公司（从彭伯顿那购买来）创建

117

人的玄孙女，她用了更浪漫的方式讲述它，在食谱书《用可口可乐烹调》中写道："坎德勒家族在20世纪20年代出售了对饮料公司的控制权，那很可能就只是一个原始的配方副本，也就是大家所熟知的秘方7X。"今天大家都认为那张配方被保存在亚特兰大跨国公司的保险柜里。伊丽莎白·坎德勒诠释道，数以百万计的消费者"一瓶接一瓶畅快地喝着成分不明的饮料"。这说起来是个十分奇怪的悖论。而能多益呢？他们在阿尔巴保证说，榛果酱里没有什么秘密成分。

费列罗公司是一家十分低调的公司，只用它的产品说话；管理者和费列罗家族不喜欢接受采访，不过对成分和生产链都是十分透明的；只要到网上去看他们的官方文件和企业社会责任的报告就可以知晓。

我们从印在能多益使用的榛果说起吧。能多益配方的核心是"manteca"，它是意大利术语，指的是"由软或油腻物质组成奶油状"，也就是用特色设备烘焙出的"榛果泥"（这是Nutella.fr网站上的解释）。操作过程与操作可可豆的过程相似。费列罗公司根据一个基于果子大小（去壳和皮后）的筛选装置来操作：只有直径在13~18毫米之间的果子最后才能荣幸地装入罐子里。所以，每个不同大小的果子在烘焙炉的时间也都有所不同。从能多益罐子里飘出来的惊艳的香气就是通过正确的焙烧而炼成，就像一句俚语所说：有助于把果子的所有香气萃取散发出来。每个榛果都是毫无破损地购买回来，接着去除坚硬的果壳，然后去除果皮，并进行不同的分析：检查大小、目测、在实验室里进行样品测试，最后交由特别专家品尝。

在卢森堡有一个部门叫作"HBD"，它的工作就是提供先进优良的榛果种植技术，然后给供应商建议：在世界上位于南纬35度到45度之

118

间的国家购买大片土地，用来创建费列罗公司的新农场。这样就可以在与欧洲生产（即在8月底9月初）相反的季节里收获榛果。这样，全世界的能多益城都可以不断地获取新鲜的食材，因为公司不使用有防腐剂的食材。

全世界四分之一的榛果产量被费列罗这个跨国甜品公司购买，所以，在全球业内，大家谈的都是"费列罗价"。由于没有太多的国内生产商，也因为作物收获时产量也不是特别稳定，阿尔巴公司在最近几年里尝试着把供应商进行分类。首要的国家一直都是土耳其，年产量在60万~65万吨之间，供应量占比为70%；其后是意大利，年产量在11万~12万吨之间，供应量占比为13%；接着是美国，年产量为3.4万吨，供应量占比为4%；再就是西班牙、格鲁吉亚和阿塞拜疆（年产量各为3万吨，供应量占比各为3%）。

在费列罗帝国里，费列罗公司种植榛果的农场（诞生于1990年）正变得十分重要：如今，雇用的员工达上千名，农场达9 000公顷。对于未来，公司也做了一个推动快速有力增长的发展计划。在澳大利亚种植榛树的土地也是最近购买的，预计2018年能有第一批收获。2014年2月，公司在塞尔维亚签署了一份购买上千公顷土地的备忘录，并与个体农业生产者建立合作关系。

得益于能多益，土耳其成百上千的农民靠着小面积种植榛果而生活。费列罗公司通过欧洲糖果及饼干协会（CAOBISCO）参与了一项与国际劳工组织（OIL）签署的公共—私营合作协议，致力于消除一切形式使用童工采摘榛果。除此之外，费列罗公司的旗下企业，都通过农业现代技术或通过专业苗圃、职业课程、小额信贷、促进现代机械的购置等方式来提高植物质量，特别是智利农场（AgriChile）和佐治亚农场（AgriGeorgia），在这方面都名列前茅。在2020年前，费列罗公司的目标是，能够让使用的榛果具有完整的可追溯性（直至原产地），并增加在南半球的种植。如此一来，智利这个在20年前基本不生产榛果的国家，即将变成世界种植榛果面积最大的国家之一。同样的计划也在澳大利亚实施。澳大利亚当地的报纸这样写道：意大利企业通过投资，将把瑞福利纳（Riverina，澳大利亚新南威尔士州的西南部）变成澳大利亚榛果之都。"感谢能多益和费列罗榛果威化巧克力把这个对古罗马人象征幸福的古老的植物种到世界的每个角落。在英语中，榛树的缩写为"hazel"，是人们对它的爱称。鲍勃·迪伦在1973年有首歌就叫《榛树》（ *hazel* ）。

表 3-1 费列罗农场

农场	创建年	员工	面积（公顷）
智利农场	1991	372	3000
费列罗科里科拉农场（阿根廷）	1994	9	280
佐治亚农场	2007	595	2600
南非农场	2009	34	700
澳大利亚农场	2011	2	2000

资料来源：费列罗榛果业务发展部和企业社会责任报告。

能多益的第二秘诀：认证的可可

巧克力受到贵族和国王的喜爱，但受到教皇和神学家们的反对。它是艺术家的缪斯，是大厨和糕点师偏好的原料，一直是一种神奇的令人满足的物质——很少有食物能像它那样激起热情。它是强烈喜爱的代言词，代表着浪漫。但是，正如卡罗·欧芙在《巧克力祸心》一书中描述的那样，它也有着"诱人甜品黑暗的一面"。因此，在欧洲和美国小孩间存在着美国小孩把"众神的食物"扔弃的巨大分歧。而在非洲，他们的同龄小朋友被迫去种植园里，在不人道的工作条件下采集可可——这种热带植物只种植在赤道以南或北纬20度一带。就像葡萄园和葡萄的关系一样，想要制作出优质巧克力豆，可可种植地的位置就成为关键。另一点是对可可的认证：必须能追溯到产地，并且在供应过程中绝对不能存在任何使用童工或强迫成人劳动的情形。业界有一些认证标准，比如UTZ认证和雨林联盟认证（Rainforest Alliance），以及一些助农机构，如厄瓜多尔的Maquita基金会。费列罗公司使用的以让农业可持续发展的方法种植的可可，产量在2010年至2011年在总产量中的占比为15%，在2012年至2013年间增长到40%。在企业社会责任（CSR）的报告中，费列罗公司提出，到2020年的目标是实现全面的可持续的发展。

不仅如此，费列罗公司已经与非洲一些国家的农业协会和合作社一起展开了一些具体的合作项目：将在科特迪瓦与比安诺肯合作社（Coopérative Anonklon de Bianouan）合作，为农民子女建立一所200人的学校；在加纳和尼日利亚通过源信（Source Trust）机构，帮助农民改善耕种方法；在加纳和科特迪瓦开展一项名为《费列罗可可社会承诺》（Ferrero Cocoa Community Commitment，F3C）的项目。这是最初由美国劳工部成立的"行动框架"下的一个项目。这个项目涉及种植可可的8 800农业户及2.6万名儿童，其认证种植量可达到5 000~7 000吨。另外，为提高作物品质，还开设了培训课程。

全球大约有500万的农民依靠"众神之食物"来维持生计。大公司主要在非洲进行采购（集中了世界生产量的80%），而一些国家很难实现可可认证。因为规模小的种植者（家庭农场）时常面临着植物病害、衰老、缺乏足够的职业技能等难题。因此，他们需要更多的支持，比如技术上的指导等，由此，可遏制种植者从农村向城市迁移。费列罗公司参与的组织机构，如WCF（世界可可基金会，拥有100多个与巧克力有关的分支机构）和ICI（国际可可倡议组织），为了改善农民生活质量，它们通过符合伦理道德及团结的方式向世界上幸福的孩子们供给巧克力。实际上，存在着一些小型的专业手工作坊出售印有这些机构识别商标的巧克力。但是，在巧克力贸易日益增长的当下，这些手工作坊也仅仅成为一面"旗帜"而已。当然，如果大型跨国公司能够以此来推动并增加这些手工作坊生产的可持续性，那么，它们所做的就具有重大意义。费列罗公司的商业行为准则是基于国际劳动组织的原则之上的。在2012年至2013年间，公司基于企业社会责任就保证了购买"可持续"的可可量保持与生产"能多益和费列罗榛果威化巧克力这两个我们最受欢迎的产品"的需求量一致。

能多益的第三秘诀：零距离的牛奶

或许最为惊人的秘诀是：在能多益所有成分中，在意大利的牛奶几乎为零距离采购，就如那些主张慢食主义企业所做的广告一样。除了塔马拉、雷吉纳和马法尔达城每天都挤出新鲜的牛奶提供给费列罗公司外，还有放养在库内奥省草地上的其他皮埃蒙特奶牛的鲜奶。莫雷塔小镇离费列罗工厂50千米远，小镇上有座35米高的干燥塔。那些收集来的牛奶统统流入这座干燥塔提炼。塔位于一家工厂——一家在意大利独一无二的工厂内，由因阿尔卑（Inalpi）公司在2010年建造。因阿尔卑公司与500来家奶牛农场合作：借助瑞典利乐公司（Tetra Pak）开发的"蒸发和喷雾干燥"技术来生产脱脂或全脂奶粉。2013年，这个干燥塔每天都将50吨的牛奶转为奶粉（提供费列罗公司80%的需求量），以及用60吨的生奶油制作黄油和因阿尔卑公司的其他特色乳制品。

因阿尔卑公司和意大利最大的农牧协会科尔迪雷蒂（Coldiretti）签署的供应链协议里，有一个由皮亚琴察大学创建管理的牛奶质量保证价格索引创新系统。它是这种类型中唯一通过牛奶质量奖励机制，能够建立在生产者、运输者和终端使用者之间起到协同作用的一套真正的系统公式。不仅在意大利使用当地牛奶，在法国、德国、加拿大和波兰的能多益城都是这样的。费列罗公司的目标正如其在"企业社会责任报告"中发表的一样，是建立"简短、可控、可持续发展"的牛奶供应链，并已在2015年百分之百实现了。动物的健康状况也归入可持续发展计划里，用于生产小点心的鸡蛋也是如此：到2014年9月，所有的鸡蛋都取自现代的平养鸡舍。

对于在能多益里加入的起到稳定状态作用的大豆卵磷脂，主要是取自印度和巴西种植的黄豆，并且对其进行检测，以保证不是转基因的；通过检测的，才会被采购选用。

能多益的第四秘诀：可持续发展的棕榈油

2012年11月，法国出现了被法国报纸命名为"能多益税收"的立法事件。当时，法国的参议院把目光落在对法国费列罗公司来说十分重要的原材料——棕榈油上，想通过立法，对其征收3倍的税收，不过，最终该法没有获得通过。多年来，一些环保组织把矛头对准了棕榈油这一成分。他们声称，费列罗公司应该对出现在印度尼西亚、马来西亚和巴布亚新几内亚地区砍伐森林现象负责，因为这些地区是棕榈油的主要产区。根据制定法律的专家解释，征税不是为了惩罚消费者，而是为了给食品加工行业敲响警钟，让他们更多地考虑地球的健康。棕榈油的提取就像橄榄油一样，都是将植物的果实进行压磨，然后通过特殊的分馏技术获取液体。每年大约需要消耗15万吨棕榈油的费列罗公司通过在法国报纸和致力于成分材料的专业网站能多益帕伦森（nutellaparlonsen.fr）上进行新闻宣传活动来反击他们。他们发布的声明满满两个页面："今天，能多益很不公平地处在一个关于棕榈油争论的中心。我们一致认为有必要给大家一些说明、一些细节……四十多年来，这个产品对保证酱状和它的稳定性起到了决定性的作用，因为这样就不需要进行油脂氢化这一过程。"

费列罗公司选择与认证的供应商合作，在环保上往前更进了一步。事实上，环保人士的投诉重点是耕种的方法不太符合自然规律，最重要的是能够证明每种原材料都是符合环保的。费列罗公司一开始就加入了RSPO（可持续棕榈油圆桌倡议组织）。该组织成立于2004年，目的是让马来西亚和其他国家以可持续发展的方式获取棕榈油。加入此组织的还有许多大型企业，比如雀巢公司、美国强生公司。在法国能多益的官方网站上可以看到"今天，我们能多益生产线上百分之百地使用由RSPO认证的'隔离'级别（是在可追踪认证里的最高级别）的可持续发展的棕榈油。"

对棕榈油，费列罗公司也是采用严格的《商业行为准则》："质量上乘，尊重人权，具备可持续性。"管理层已经制定出一个精确可行的计划，到2020年时，实现对牛奶、鸡蛋、咖啡、可可、榛果和素油的可追踪性。对一个每年生产、包装1 100万吨以上的甜品（能多益、嘀嗒糖、费列罗榛果威化巧克力和小点心）——这些甜品足以装满2.7万量卡车（排起来有450千米长）的这样一个大型企业来说，这个决定十分重要。

8

费列罗精神

不但在阿尔巴费列罗工厂的院子里，而且在其他国家费列罗工厂里，都矗立着圣母玛利亚的雕像。费列罗家族特别崇奉卢尔德夫人玛利亚。第一座肖像被安放在塔纳罗河畔的工厂里。那是费列罗为了感谢圣母玛利亚在1948年庇护他们免受洪水破坏，专门从法国卢尔德朝圣所带回来的。1996年12月，在费列罗公司50周年庆典大会上，米歇尔先生在接受《新闻报》马克·絷特霖的简短采访时说道："成功的秘诀？那就是罗尔德的圣母玛利亚。没有她，我们能做的是少之又少。""那不是句玩笑话。"他的妻子玛丽亚·弗兰卡（maria franca）解释道，"我的先生是一位有信仰的人。信仰不会让你失去什么，相反地，它会丰富你。"德国社会学家马科斯·韦伯在他的研究里把新教伦理道德与资本主义的到来联系在一起。所以对于诞生于20世纪五六十年代有着天主教信仰的传统乡村里的费列罗家族企业，或许可以说他们的企业价值文化与对天主教的信仰有着某种联系也是不为过的。同时，如果你武断地把他们的企业理念理解为民风民俗或复古，你就错了。这个甜品集团至今还是家族管理模式，领导企业的人就像过去那些为产品而活的企业家一样，对企业有着绝对的认同感：这在手工业里是一种很典型的心态，并且由于这些年金融业里出现的一些不谨慎的行为，人们更觉得这种态度是十分积极可贵的。

如今，费列罗公司享有很高的声誉，2009年在纽约声誉研究所评估出的"全球声望调研"中，费列罗公司超过了宜家公司和强生公司登上了领奖台，这就是一个很好的证明。根据国际知名的优兴咨询（Universum）公司在2013年6月对39所大学及意大利商业学校的2万多名大学生进行调查得出的"意大利最具吸引力雇主"排名中，费列罗公司成为求职者首位梦想去工作的地方，甚至超过了谷歌公司。一家原汁原味的具有地方特色的公司很幸运地进化为跨国公司，但是仍然保留了他的根。在阿尔巴，他为工人在工厂附近建造了村庄、幼儿园、体育馆和休闲俱乐部。或许就是有了这种家庭式的福利，所以诞生了一个有着3万人口（包括农场和第三世界的"公益企业"）的"大家庭"。他们因共同的价值观而凝聚在一起，在2010年开始遵循一个《道德规范》——主要是针对处理与客户、当地社区、企业员工及所有利益相关者等的关系的企业行为。

那些年在伊夫雷亚（都灵边上的小城市），阿德里亚诺·奥利维蒂呼吁社会，企业利益要和社会团结取得平衡。他就是"社区运动"的创始人。遗憾的是，他在由费列罗公司赞助的社会研究中心举办的第一次会议召开（1961年）前就去世了。该会议致力于"如何适应工业劳动"。公司报刊上发布了许多关于社会学的分析，在工厂里也按照米歇尔的意愿安放了"意见箱"，目的就是"方便让所有的员工都能为公司的壮大发展提出宝贵意见和建议"。其中一个里程碑就是，教皇约翰二十三世颁布《慈母与导师》通谕，要求企业家不要把他们的员工变成"沉默的执行者"。

1994年11月，阿尔巴工厂被当时在皮埃蒙特大区造成大量伤亡和灾害的洪水泥石流摧毁，没想到上千名工人自发地出现在工厂，拿着铁锹在淤泥里挥动着，清洗着被损坏的部件，只为了能早日重新开始生产。萨尔瓦托雷·托佩亚在《共和报》里这样描述道："他们铲着，并不在意记者们在一旁观察和在本子上记着如何给大家述说这些能多益的'淘金者'们。当时的场景就像有些遥远的1948年9月7日一样，塔纳罗的支流塔罗利亚河奔腾在了维瓦诺大街才开业2年的工厂里。"一个月后，米歇尔给全体员工写了一封感谢信："这一次给我们带来了沮丧和绝望的灾难，让人觉得命运是如此残酷。惨重的破坏使十来年的努力和为之牺牲奉献的成果毁于一旦，让人感到强烈的失落和对不可挽回的损失痛心疾首。但就是在这样一个让人极度心灰意冷的时刻，我感受到了自己的身边出现了老费列罗的'心'，在过去的每一个困难时刻，它总是全面地展示出高贵和尊严。"

那颗"心"仍然存于企业的理念之中。现任首席执行官小乔万尼在2011年10月接受《晚邮报》（Corrire Della Sera）阿尔多·卡组罗（Aldo Cazzullo）的采访时，再次对它进行确认："归属感和历史渊源不可能被切断，在新的挑战面前它会不断加强。世界越是全球化，越需要更强大的识别度。"

最近几年，费列罗公司在其工厂的生产现代化上投入了大量资金。刚刚毕业的大学生被招聘进来后，他们要先经过一个由"费列罗Geie学习中心"准备的十分紧张密集的培训课程：需要去位于阿尔巴的一所由老纺纱厂改建的企业大学里学习5周，老师由企业内部的经

128

理担任；接着是为期两周的与实验产品接触的实习阶段；最后，花1周时间同工人一道在车间里劳作。这样的培训被定义为贯彻"费列罗精神"。它不仅是企业行为准则，也是所有员工需要经历的实践：这样才能学会如何走进"费列罗大家庭"。"费列罗精神"可以总结为"企业理念的五大支柱"。

其一，针对消费者，费列罗公司通过高品质的产品来满足消费者，目标就是迎合消费者（也包括潜在消费者）口味的演变，满足他们的需求。消费者才是企业真正的首席执行官。这是企业不断传递的信息之一。

其二，针对员工，费列罗公司高度重视，在日常生活中为员工创造积极的工作环境。在这样的环境下，每个人都可以培养和提高自身的能力和毅力，并学会谦逊，能使费列罗公司的所有员工更好地团结一致；在公司里，设有一些针对员工或他们家庭的服务，费列罗基金十分照顾企业"老人"，把退休的员工作为他们重点照顾对象。因为他们对企业做出了贡献并富有经验、睿智和仁慈。公司提供空间和资源，让他们能够在退休时光里继续学习、成长。

其三，针对产品，费列罗公司视产品为企业的核心，一切都围绕着它展开，一切也都由它衍生而来。它以优质和绝对的新鲜而成为独特的产品。"产品就是我们的代言人"这句话在公司里随时能听到，是费列罗公司宣传战略的核心。

其四，针对对环境和社会的承诺，费列罗公司将社会责任融入自身基因里，当还没有人提及时就已经担在了肩上。第二次世界大战以后，费列罗公司开始了一项接送服务：到朗格区乡村的农民家里，将他们接到工厂；下班后，又负责送他们回家。不仅如此，公司还特地安排他们在农闲时来工作，这样就无须荒废田园，农民们能完成农业劳作。这个服务在如今还在继续。费列罗公司还通过公益企业这种方式，在不太受青睐的地方（如喀麦隆、南非和印度）给当地人提供工作，将获得的一部分资源投入健康领域、当地孩子的教育中。费列罗公司为改善环境，进行了大量的投资：不仅投资于当地的节省能源行动中，还根据社会责任标准有选择地购买原材料。

其五，针对创新，费列罗公司基于对发展独特卖点的愿望，创造出新类型的产品。创新被认为是竞争优势的主要来源，它以并行方式存在，不仅存在于产品中，还存在于包装、甄别和处理原材料、广告、分销和生产过程中。

这种精神可能会让人认为，费列罗公司是世俗里的"宗教"机构。的确，有些学者，如帕维亚大学公共事务和利益相关者管理专业的教授，又是哲学家和法学家的詹保罗·阿宗尼，他就支持一些大型企业的"宗教性"。詹保罗·阿宗尼写道："企业不能缺少作为普遍社会意义主题的宗教的陪伴。"他还专门分析了美国跨国公司强生公司的著名"信仰"。它是由在1932年到1963年间掌舵的罗伯特·强生（1893—1968）起草的。在他的管理下，该企业成为美国最重要的工业之一。20世纪90年代，一位最受尊敬的商业组织专家吉姆·科林斯（许多畅销书的作者）与杰里·波拉斯教授一同在斯坦福大学进行一项研究。他们为了了解企业长期获得成功的原因，对18家企业进行了分析，就此诞生了销售百万余册的《基业长青——企业永续经营的准则》。该著作对"高瞻远瞩的公司"下了定义，费列罗公司就十分符合："期待基业长青，需要通过不同的产品生命周期和经历几代活跃领导者。"另外，科林斯与波拉斯识别出这类企业的一些特征：十分热切地支持意识形态；灌输；符合价值观；坚信自己是与众不同的，并且是做得更好的。

用一种更朴实的词语可以将其归结为"企业愿景"。这种愿景就是比尔·盖茨所想的，将他的Windows系统安装在世界每个书桌上的电脑里。当苹果联合创始人史蒂夫·乔布斯建议那些来听他讲座的学生要跟随自己的内心和直觉时，这种愿景就存在于他的思想里。社会学家弗兰切斯克·阿尔贝罗尼在为费列罗基金会20周年创作的《工作、创造、奉献》一书的"导言"里这样写道："世界上没有一家食品企业或食品企业家发明、创造、实现、分发如此多的产品。就像莫奇、福特、马可尼等发明家一样，具有如此非凡的天赋，能感知到许多国家消费者未表明、被埋藏或还未出现的需求的能力。"

长期培训

费列罗公司是一家跨国公司，其中一个现象是其员工来自97个国家。意大利员工仅占总数的32%，为8 152人；德国员工3 869人，印度员工2 118人，法国员工1 763人，波兰员工1 414人（数据摘自2012年8月31日）；接着还有巴西人、俄罗斯人、格鲁吉亚人、厄瓜多尔人、阿根廷人、加拿大人、中国人、南非人、比利时人和其他国家的人。多语言和文化混杂在一起，并不容易管理。当员工进入企业，首先要签署一份35页的《道德守则》，上面写着如下承诺："费列罗公司一开始就体现了两个灵魂：给社区创造价值，也给企业创造价值。"其章节主要内容分别为：消费者、人力资源、环境、原材料、市场、业务合作伙伴、典章、管制机构和当地社区，最后才是程序规范和管控。

　　人事政策主要面向团队合作，即要求在工作小组中具有与人交往的能力。费列罗公司在所有的工厂里都为员工设置了关于技术内容的培训班。当在海外开设一家工厂时，一些当地员工先要到其他正在运作的工厂里进行培训，以此来保证其更专业。另外，费列罗公司也会面临多样性管理这一课题，确保通过不同的方式让员工融入不同文化、种族、宗教或代际的工作环境中。

　　在非物质文化遗产方面，每一家企业都存在着一个隐藏的知识领域。2012年4月，费列罗地中海基金会研究学院将26家意大利企业放在"放大镜"下仔细对其经验进行分析，以此来确认企业大学运作功能。世界第一所企业大学是通用电气公司于1955年设立的。其后，许多意大利企业也纷纷效仿：食品业的有百味来公司、费列罗公司和伊利公司，除此外有埃尼公司、意大利国家电力公司（Enel）、意大利银行、拉纳姆（Mediolanum）集团、裕信银行（Unicredit）和忠利保险公司（Generali）。该基金会的研究表明，平均每家企业每年在培训上的投资接近1 000万欧元。费列罗公司也设立了专业学院，主要致力于产品、原材料、产品技术、销售和市场方面的研究。学院里的每一事项都有内部专家和外部专家研究设计：建立起符合企业价值观的一个连贯路径，让来自不同国家互不认识，又成长于一个分层组织文化环境里的人，在必须习惯于一个组织的情况下，相互融合。在费列罗公司的个人素质中，除了在团队中需要工作能力外，还需要有热情和勇气走出"条条框框"，不害怕提出想法，不需要总是遵循领导的意愿。

企业社会责任

上市公司必须起草社会声明。费列罗公司本没这份义务，但是从2009年开始，发表了第一份企业社会责任报告，并做出承诺："这是我们公司第一份社会责任报告，我们打算确认公司的道德愿景，明确表达出我们的商业原则，并将它以透明且持续的方式进行传播。2004年，这些原则第一次在公司内部共享；2009年，又对其进行了更新。它们主要针对费列罗公司所有员工与消费者、社区、机构和贸易伙伴在日常关系中的行为表现。"米歇尔明确表示，有了这些原则——"产品的力量和团结所有员工的精神力量"，公司才能长期蓬勃发展。报告的前几行强调道："我们是在建立一个'忠诚与信任''尊重与责任''廉正与节制''对研究与创新充满激情'优先于'就此出现的实践理论'的家族史。"

如此多的公司信息第一次被收集在一个百页的文件中，发布在网上，方便所有想查阅的人。报告对产品质量和营养问题尤为重视。特别是米歇尔声称，他们总是根据健康饮食的需要来为他们的特色产品做出一个"正确的配料"的选择。早在1976年，健达系列对产品尺寸进行控制，提出"一份包装单量在12.5克和43克之间"，使其质量和口味保持标准，"真正地帮助父母给他们的孩子提供营养照顾"。另外，"费列罗不使用氢化脂肪，所有他们的产品都不含有反式脂肪酸（TFA）"。在这种逻辑下，2006年，费列罗公司开启了"健达+运动"的活动项目，通过这一项目对青年体育进行大力支持，"鼓励年轻一代采取积极的生活方式，对抗肥胖"；通过"健达+运动"计划，鼓励和促进"在全世界年轻人中普及体育活动,激发他们对运动文化的兴趣"。2013年,"健达+运动"活动涉及20个国家1 200万的儿童,囊括12种不同的体育项目,20个国家联合会和4个奥林匹克委员会参与其中。费列罗公司的目标是,"成为全球可参考的一项活动来促使尽可能多的世界儿童参与到运动中来"。至今,这项活动与产品、基金会、公益企业一起成为费列罗公司社会责任的"四大支柱"。

对那些在费列罗公司工作的人来说,最"令人愉快"的职业是"品尝师":有1 700位品尝专家。费列罗公司社会责任报告也对此揭开了面纱。管理者也参与品尝,连米歇尔也经常亲自参与。他十分喜爱与几位亲密员工一道去他居住多年的法国,在里维埃拉的超市里巡查,并品尝竞争者的产品。对于品尝者来说,有一种名为"蜘蛛网"的特殊品尝方式,可对7种关键因素进行评估。这些是能多益的标准:光泽、榛果香味、口味、一贯性、吞咽感、可可香与可可口味。

这种测试由专家团队进行,他们能够提供一个更深入的感官概述,而不是优、良和好。在第135页图中,品尝结果显示在一张蜘蛛网上,平均值的相关点连在一起。费列罗公司每年给他的产品提供大约510份分析,每一家工厂平均有10位品尝师。每年整个公司要进行40万次的品尝测试,平均每月要进行大约3.39万次测试,同时开展小组座谈会。

费列罗公司社会责任报告介绍道:公司备有严格的内部程序和系统来保护消费者和自己的员工,防止出现对面筋过敏和不容忍的公共卫生问题。费列罗公司不仅"在分销处进行不间断监测",还以"市场价格收回从触觉、视觉和嗅觉上感到不佳的产品,即使这些产品还未过保质期。有时是在天气炎热的时期，如夏天，会让生产暂停"。

品尝师品尝结果

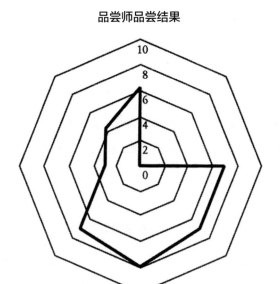

包装一直都被认为是产品不可缺少的一部分：只要想想能多益的小罐子，它是可以循环使用的玻璃制品（除了一些国家，比如美国，因为涉及儿童消费的安全标准）。包装能保护每一种特色产品，有时它还是主要的诱惑，就像费列罗榛果威化巧克力透明的包装盒（在巧克力球的包装中是一次真正的革命）或嘀嗒糖的包装盒。从费列罗公司社会责任报告中可了解到，在包装的设计中，公司决定采取"5R战略"在质量和新鲜度方面获取最大的优势，尽量降低产生的垃圾量：减少包装构件、降低重量到原重量的40%（就像健达巧克力康脆麦）、可循环利用——尽量使用单材料来替换压层材料，因为单材料更容易进行垃圾分类、重新使用——就像能多益杯子的理念一样，可再生性——使用来自再生资源的材料。

能多益"标准"蜘蛛网感官概述

最后，与环境的影响和能源生产有关。一个鲜为人知的事实是：费列罗公司通过可再生能源及热电联产来产生电能并提供给自己的工厂。在朗格大区的工厂里，运用阿尔巴电力供热系统给生产线提供电力和驱动力，同时给城市提供热量：用30千米长的管道连接了朗格主要城市中820座建筑。

费列罗基金会

在能多益的小罐子里装有多少的文化？很多，这个是由皮埃拉、彼得和乔万尼建立的费列罗基金会20多年来举办的大量丰富多彩的活动呈现出来的。此基金会位于阿尔巴离费列罗工厂不远的一幢现代的建筑里：它的建立一直是米歇尔先生的心愿。他希望能够提供一个"家"给离开工厂的退休老年人，让他们有一个可以碰面、娱乐、学习及保健的场所。于是在1983年其作为社区计划被建立，在1991年成立基金会，由玛丽亚·弗兰卡·费列罗，即米歇尔的妻子主持管理，一直到今天。她在2013年出版的《费列罗基金会30年》（由卡特莉娜·吉格布主编）一书中解释了她所从事的这份工作的意义："在1983年，当我的先生想要创立一个可以招待退休员工的场所时，他是这样表示的：'我希望那些跟我们一起为发展创新产品并把它们推广到全世界（为此他们不断地激发出自己的创造力）的员工们可以有一个空间和人力、财力资源让他们可以继续学习新的东西，并可以签署一份协议，那就是把新学习到的果实捐赠给该地区。'就是在最后几年我们才意识到这个基金会是一个范例。因为从一个最新的科学文献的分析中及由一些著名学者表明无论是为自己还是他人展开的创造性活动、娱乐性活动和社交活动，结合适当的生活方式，有利于让老年人拥有积极的心态，坦然面对老龄化。"

该基金会最新实现的是一个名为"Il Nido"的托儿所项目。如今已经接受了80名从3个月到3岁的儿童，他们都是费列罗公司员工的子女，也有一些是阿尔巴政府送过来的。建立这个托儿所的目的是打造一个"像家一样的地方"，可以使人们增强联系、建立相互关系。玛丽亚·弗兰卡·费列罗主席在这本书的导言里补充道："由于感情与教育核心价值，'祖孙'关系十分有助于儿童的发育和成长。"

30多年来该基金会一贯以"工作、创造、奉献"为座右铭，在法国维莱埃卡勒发起活动，从1996年起，在阿尔巴就展开了大量的文化活动。

该基金会还组织了周期的会议和大型的展览活动，吸引了成千上万的参观者前来参观：罗纳尔多·达·芬奇的机器；出生在阿尔巴市的画家皮诺·伽里齐欧的作品；建筑师及诗人布鲁诺·穆纳里、文艺复兴时期的艺术家马克林诺·达尔巴（Macrino d'Alba）、作家贝佩·费诺利奥的作品；还有卡尔罗·卡纳（1881—1966）的文集，从中可以重新领略他的整个艺术生涯。此展览对公众免费，吸引了7万人前来参观。

从1970年以来，每年夏天，费列罗公司都会举办"费列罗老员工"节，而米歇尔也都会亲自参加。但这并不罕见。他总是喜欢与员工待在一起，与他们交谈，即使是很普通的工人他都记得住他们的名字。公司的声誉就是通过这些对员工的重视而建立起来的：人们在传皮埃拉女士每天都早到一小时给来工厂上班的员工准备咖啡。但是没过多久，非她所愿地，自动售货咖啡机到来了。在德国，很多人都还记得在阿伦多夫由"皮埃拉之家"组织的活动，那就是在20世纪60年代给一些从意大利南部来到德国黑森州想在能多益工厂里工作的迷茫的年轻女孩提供住所。如今这项活动被归为社区计划，在基金会下运行；共有430位退休人员参与，有时会通过"两代人桥梁"计划在工厂附近与刚入职的年轻学徒们碰面聚会。米歇尔在1989年的一次"老员工"节日聚会里，对这项活动这样定义道："这种'仪式'已经变成我们传统的一部分，成为表达我们自己存在及孕育工作、生命道德伦理意义的一种方式，透过我们的意识，成为我们日常生活中不可或缺的一部分。"

公益企业

33岁的喀麦隆人洛尔·英格丽·马托欧康叙述道："我从2005年开始在费列罗公司工作，是第一批被聘请的员工之一，公司开始运作的第一天我就在这里工作了。今天，我是组织部和包装部的负责人，这是一个十分重要的职位。以前，我没有一份真正的工作，勉强靠打临工度日。在我人生那段艰难的时期，我遇到了安吉利克修女……我去了玛丽·多米尼克慈幼会。在那里，他们告诉我一家意大利公司在招人，我就这样行动了。"

35岁的印度人普斯芭·德欧卡尔是健达奇趣蛋部门主管，她叙述道：

138

"我是2007年5月1日到费列罗公司工作的。我记得十分清楚，因为这天是我工作的第一天，但实际上也是公司开张的第一天……说实话，一开始什么都需要我来处理：仓库、货物、销售……有时甚至还有打扫卫生。当时我感觉十分疲惫，也没有把握。但是，我的一切努力都得到了回报：如今我的职务十分重要……在费列罗公司工作我感到十分荣幸的是，可以看到公司成长，并且可以通过自己的努力与付出使它更进一步。"

32岁的南非人夏琳·优思芭是生产线上的工人。她向我们叙述道："我是从2006年开始在费列罗公司工作的。当时的工厂还在阿尔柔德（艾伯顿市的小镇，离沃克维尔30千米）。我是最早一批招进来的，当时有大约30人左右，分在两个不同的地方：一个地方装奇趣蛋玩具，一个地方包装产品。之前我是家庭主妇，当我儿子出生时，我明白自己应该有一份工作……费列罗公司还帮助我减少交通成本，每个月都支付我一笔钱用于搭乘公交车来上班。"

这三个故事都收录在由卡特莉娜·吉格布主编的《费列罗公益企业》一书里。2013年的数据显示，有超过2 700位员工分别在喀麦隆的雅温得市、印度的巴拉霍蒂市（最大的工厂）和南非的米德瓦工厂工作。这些生产基地是依照"社会精神"来运作，因为它们的创建不仅是为了帮助生活在新兴国家相对落后地区的人们提供工作岗位，而且在"团结世界健达"的旗帜下倡导维护儿童健康和教育的人道主义行动。

费列罗公司公益企业在他们的生产中心所采用的技术就是食品生产的创新和自动化（如奇趣蛋），而对实现"奇趣"只用手工，如此就可以最大化地提供给人们工作岗位。在印度和南非，嘀嗒糖是通过费列罗公司技术来实现，但包装工艺有一些是半手工操作的。

作为公益企业，费列罗公司在工厂所在地做了许多慈善项目：

2012年，在南非代尔赛德重新修整了一所名为"Japie Greyling"的学校，在那上课的有1400名学生；在印度，费列罗公司支持"Un toit à Bombay"计划及慈幼会招待中心；在喀麦隆，资助圣马丁·德·鲍瑞斯医院的儿科。

小乔万尼在2013年5月的企业社会责任报告里写道："我们集团长期成功的原因就是，坚定不移地以道德价值观为导向。所有人都在谈企业社会责任，而费列罗的企业社会责任是流淌在它的血液里。我们通过平日里尊重一起工作的同事、严格保护我们工作的环境、充满责任感地处理好我们与文明社会的关系，特别是通过管控质量建立好消费者与我们的品牌、传媒及价值的关系。公益企业的倡议是这些价值最高、最具体的体现，它并不是从慈善那里得到启发，而是从开明的企业家精神那里得到的。"

表 3-2　费列罗公益企业的就业人数

企业所在地	年份		
	2009	2012	2013
喀麦隆的雅温得	90	191	177
印度的巴拉霍蒂/马哈拉施特拉邦的浦那	650	1886	2155
南非豪登省米德瓦市	180	358	407

资料来源：2012年费列罗公司企业社会责任报告。

9
甜蜜的帝国

　　从能多益榛果可可酱的销量也透露出法国之"大"。法国人也是最嘴馋的：搭配着全民喜爱的可丽饼，每人每年要吃空1罐1千克的能多益。法国是世界上人均"涂抹量"最高的国家，每年大约为900克的量，紧跟其后的是意大利、德国、比利时。所以，费列罗公司榛果可可酱的核心业务还留在旧大陆。该公司整体营业额也证实了这一点：意大利占20%，其余的欧洲市场占59%，其他洲的国家及地区占余下的21%。不过，美国、俄罗斯、印度和亚洲的市场仍在不断地扩张。

　　事实上，经济危机从未阻止过能多益增长。2013年，费列罗公司产品第一次在意大利出现销量收缩，比上一年下降了5.3%（虽然出口贸易表现积极向好），但这些产品中不包括能多益。相反地，能多益比上一年增长了5.3%，呈现出明显的反周期。阿尔巴的老工人说道："如果能多益比其他特色产品增长得快，那么经济危机还在继续。"原因是什么呢？或许是因为收入困难了，对未来又不确定，这类工作问题等导致人们开始寻找一种方式来缓解每日的焦躁不安，就像"莫雷蒂式地涂抹"能够使人忘记焦虑。然而，费列罗公司的管理层基于调查，觉得更合理的解释是：无懈可击的性价比。就连"私人标签"（由第三方生产和包装的产品，但是贴的是超市自己的标签）都无法撼动费列罗能多益的宝座：说到底，涂抹一层幸福，也只需要10欧分。一块精美的巧克力、一瓶葡萄酒、一张比萨饼都要比它贵得多，而且这些小喜好也不难放弃。在购物清单里，能多益是与面包、牛奶、咖啡、油和面食排一起的。即使在希腊、西班牙和葡萄牙等"困难"国家里，能多益的销售量仍在不断增长。

在首次亮相的50年后，能多益的增长证明它是一个日益全球化的产品。在琳琅满目的产品中，它还成为全球最负盛名的世界经济机构之一的OCSE（经济合作与发展组织，简称经合组织，其秘书处设在巴黎，2010年时其成员为34个发达国家）的研究对象。柯恩·迪巴克和塞巴斯蒂安·梅洛特在2013年12月发布了《绘制全球价值链》报告，其中能多益被定义为良性全球化的案例，一个农产食品行业的典范。

这项研究是能多益生成的"价值链"评估的一部分：这个概念是指从输入原材料开始，公司及员工将其转化为能多益并且作为最终使用而输出的一切活动序列的集合。现在，"全球价值链"（GVC，经济学家用术语）已经成为研究的对象，因为现在的公司已是在全球范围内经营，影响着不同国家的经济。"全球价值链"产生的一些影响比较明了，比如从"国外直接投资"（当一个集团在不同于总部的另外一个国家建立工厂）而产生的优势，还有些影响计算起来更为复杂，比如在不同国家工厂之间的关系，因为他们需要采用来自世界不同地区原材料生产同一种产品。针对"全球价值链"的研究，分析贫穷国家和富有国家之间的关系，目的就是确立企业产生的价值如何进行分配。

迪巴克和梅洛特的报告对不同行业进行了分析：农业食品、化学、电子、汽车、金融及贸易服务业。经济合作发展组织明确指出，农业食品业务在最近几年发生了巨大的变化，不仅是因为作为大型分销商的角色，对食品链的管控一直都需要十分注意，而且也是因为："组织全球食品供应及把发达或发展中国家的小型生产者与全世界的消费者连接起来的企业相对较少。"

两个经济学家对这个成功例子的分析结果是："能多益是一种有名的榛果和可可酱，销售于100多个国家。每年的产量大约为35万吨，是农业食品价值链的代表。费列罗国际食品加工公司的总部位于卢森堡。目前有10家工厂在生产能多益（最近增加到了11家，在墨西哥开设了生产线），5家在欧盟，1家在俄国，1家在土耳其，1家在北美（现在有两家了），另外1家在澳大利亚。材料的采购主要是在当地进行，比如包装物，或者一些成分，如脱脂牛奶。然而，一些成分需要在全球采购。榛果主要来自土耳其，棕榈油来自马来西亚、巴布亚新几内亚和巴西，可可主要来自科特迪瓦、加纳、尼日利亚和厄瓜多尔，糖来自欧洲，香草来自美国和欧洲。能多益通过一条分销渠道销售到全世界。工厂建立在有着大量需求的终端市场附近（欧洲、北美、南美和大洋洲）。到现在，在中亚和东亚都还没有建厂，因为该产品没有这么受欢迎（另一个费列罗公司的特色产品榛果威化巧克力在亚洲十分流行）。在农业食品链中涉及更多的经济体来自发展中国家或新兴国家，从能多益链涉及非洲和南美洲就可见一斑。"

费列罗公司全球产业分布

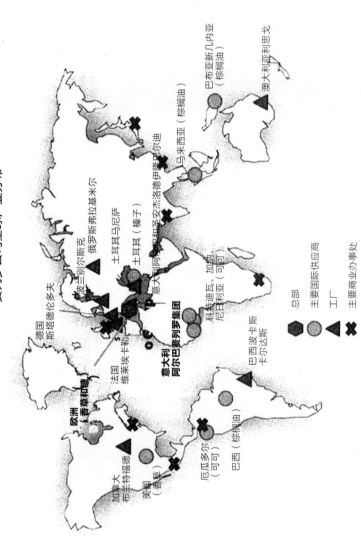

巴布亚新几内亚
（棕榈油）

澳大利亚利思戈

马来西亚（棕榈油）

波兰斯别尔斯克

俄罗斯弗拉基米尔

土耳其马尼萨

土耳其（榛子）

意大利阿尔巴和圣安杰洛德伊隆巴尔迪

德国

斯塔德伦多夫

欧洲
（香草和糖）

法国
维莱莱卡勒

意大利
阿尔巴费列罗集团

科特迪瓦、加纳、
尼日利亚（可可）

加拿大
布兰特福德

美国（香草）

厄瓜多尔
（可可）

巴西
（棕榈油）

巴西波卡斯
卡尔达斯

⬡ 总部

⚫ 主要国际供应商

▲ 工厂

✖ 主要商业办事处

表 3-3　费列罗公司全球20家工厂

国家	地区	投产年份
意大利	**阿尔巴**	1946
德国	**伦多夫**	1956
法国	**维莱埃卡勒**	1960
意大利	波佐洛马尔泰萨纳	1965
澳大利亚	**利思戈**	1974
爱尔兰	科克	1975
厄瓜多尔	基多	1975
意大利	巴尔瓦诺（波坦察省）	1985
意大利	**圣安杰洛德伊隆巴尔迪（阿韦利诺省）**	1985
比利时	阿尔隆	1989
波兰	**别尔斯克**	1992
阿根廷	拉帕斯托拉	1992
巴西	波卡斯卡尔达斯	1994
加拿大	**布兰特福德**	2006
喀麦隆	雅温得*	2006
印度	巴拉马蒂*	2007
南非	约翰内斯堡*	2007
俄罗斯	**弗拉基米尔**	2009
墨西哥	**圣卡塔琳娜（瓜纳华托州）**	2013
土耳其	**马尼萨**	2013

注：① 带*指费列罗公益企业。

　　② 黑色字体的是生产能多益的10家工厂。

内奥米·克莱因在他的畅销书《不要标识》里认为，经济全球化的胜利引发了许多组织对跨国公司进行调查，揭露其在生产链中不正当的行为。特别是针对新兴国家中是否存在对工人的剥削，以及原材料是否遵循可持续性。经济合作发展组织对能多益全球价值链的调查（报纸对其用了《经合组织喜欢能多益》和《一个成功的全球化典范》的标题来诠释）"豁免"了诞生在阿尔巴小镇的榛果酱。

由独立机构认证的企业社会责任报告更加巩固了该公司的好名声。也许是因为这个原因，能多益并没有像其他世界农产食品商业品牌，如可口可乐、雀巢和麦当劳一样出击。尽管是一个全球性的产品，即世界各地的产品都一样，能多益也没有像今天美国连锁快餐食品，如被迫用不太可能的契安尼那牛肉（chianine）或具有欧盟原产地保护认证标志（Dop）的当地奶酪进行"伪装"，带倾向性地去隐藏它。

涂抹的酱仍然保持其成分不变：榛果、可可、牛奶和糖。来自独立组织的两个经济学家的分析，解释说明了可以使它与消费者一直处在令人羡慕的"蜜月"期的一些原因。

一个产品一企业

半个世纪后，是否可以确认，能多益是一个成熟的品牌，接下来要步入衰退阶段了——因为每个工业产品都要屈服于生命周期理论：导入、成长、成熟和衰退？事实上，能多益成了世界上的长寿产品，它到哪里，就在哪里创建市场。它有一个优势：当它诞生时，是依托当时只有少数人才能享有的特色产品——巧克力。它并不是"众神之食"的"穷亲戚"，而是不同产品类别的外交官，是一种可以涂抹的酱。

它的长寿主要在于两个特征：第一是创新的能力，此能力也转移到它的广告中；第二是米歇尔所选择的经营类型，即通过自己"治理"、自主经营的方式把能多益做成一个公司式的。

用经济学家迈克尔·波特的语言来表达就是，这是能多益的首要"竞争优势"。根据伊维顿兹（Evidenze）公司在2002年做的调查，费列罗公司是意大利自第二次世界大战以来为数不多的"重大创新"的典范。之后，米兰大学政治经济学教授卡罗·玛利亚·古埃尔奇在2003年7月29日的《24小时太阳报》中写道："调查的结果就是，意大利的创新没有超过15项，创新项目也各不相同，有产品也有服务。从聚丙烯到韦士柏（Vespa）摩托车、能多益、吸气剂（Getter）真空技术、预付信用卡和高压共轨。但是，我们可以从中学习到许多。有一些创新是大企业完成的，但是他们并没有被充分利用（比如聚丙烯和高压共轨），而其他的创新使中小型企业从中发展成大企业（如能多益、韦士柏摩托车及吸气剂真空技术）。但是，鉴于我们国家有潜力和野心的工业，这个数字确实微不足道。"

从公司组织的角度来看，费列罗公司把它的每一个产品都看成一个自主公司，它能够再生并适应由新的消费习惯引起的新需求，或由新兴市场引起的新需求。对于消费者来说，能多益、嘀嗒糖和健达都具有一个独立品牌的特点。在美国或土耳其，涂抹榛果酱的人往往都不知道能多益与嘀嗒糖和巧克力块都出自同一家公司。

单单能多益的销售总额就达到了16亿欧元，相当于两个著名咖啡品牌——拉瓦扎（Lavanzza）与伊利加在一起的总数，已经超过了欧盟用于鉴定中小型企业的参数。授权于产品—企业自主权通常需要一个漫长的测试过程，特别是在当今竞争如此激烈的市场中。这是因为为了实现高销量，并且让工厂的高投资和对推广的大力支持变得有意义，首先就需要让所有手续齐全、各种准备就绪。如此看来，费列罗品牌不是按照"伞形品牌"模式进行的，因为它不能给公司的所有产品保驾护航。

在20世纪70年代，当阿尔巴甜品企业开始在欧洲市场成长时，只有700亿里拉（相当于6 000万欧元）的销售量，该企业起步时做出的所有选择均有当时的历史和配额等方面的原因。当时它的竞争对手都是大企业，比如佩鲁吉娜、莫塔（Motta）、亚历马格纳（Alemagna）和瑞士莲，所以它不能提供市场已有的那些特色产品，就试图发明出独特的、专属的、通过高科技生产出来的产品。健达和能多益就是这种产品—企业模式的首次试验。

另一个完全不同经营模式的代表就是百味来公司在1975年创建的品牌——白磨坊。它成了涵盖不同特色产品的"保护伞"，还在不断地进行改进。为了制作出一种新型的饼干，一种可以让人回归到"以前的东西又简单又好"的饼干，英国糕点师乔治·玛史威（没错，他不是意大利人）花了几个月的时间，随后，从他手上诞生了高卢（Galetti）、塔拉勒斯（Taralluci）、莫利内特（Molinetti）、龙脑（Campagnole）和佩尔（Pale）等不同口味的饼干。之后，"欢乐谷"的形象也被运用于烘焙的食品：脆饼干（cracker）、小点心、烤面包片、面包、面包棒，等等。关于这个话题，还有一个更有象征意义的例子就是，日本跨国娱乐和漫画公司三丽鸥旗下的Hello Kitty（问候基蒂）品牌形象：白色的脸庞、没有嘴巴的小猫——就像一个没有性别的艺伎。该形象设计于1974年，到如今已经印在40多个国家的大约2.2万个产品上，产生的商业效益高达10亿欧元。

使独特的产品—企业获得成功就意味着要以非传统的企业组织形式来进行商业活动。一般把它定义为"矩阵式组织结构"，它具有三个级别的层次结构：高层管理、以产品经理为横轴的运作管理、运营单位。美国宝洁公司掌管着如汰渍、品客、吉列、金霸王和帮宝适等上百个品牌，是一家大型公司，大致上也是运用这种模式。同时，它每年投资于广告上的资金达82亿美元，是最大的广告商。费列罗公司十分自豪于自己的内部组织。从广义上讲，可以定义它为"多职能矩阵"，在顶层是国际费列罗董事会。董事会采用的是由企业主要职能部门负责人组成的"集团领导团队"。

由于只有少数的产品—企业能经受得住时间的考验，比起那些卖很多不同的特色产品，但是营业额"小"的其他糖果或者食品公司，费列罗公司的参照点相对较少。这就是为什么费列罗公司只有十来个产量相当可观的"大品牌"。（见表）

表 3-4 年销售量（财政年度2012—2013）（单位：千吨）

品牌	销售量
能多益	3650
健达巧克力和健达巧克力倍多	850
费列罗榛果威化巧克力	650
健达缤纷乐	570
健达出奇蛋和奇趣蛋	385
健达牛奶片	350
健达双层牛奶夹心巧克力	290
拉斐尔	260
健达巧克力小蛋糕	260
嘀嗒糖	240

从数据可以看出，每年在全世界100多个国家的家庭餐桌上都堆满着美味：是个名副其实的"甜蜜的联合国"，这里用了一组有趣的数字表示：

如果将一年生产出的能多益的罐子排起来，其长度将是地球周长的1.7倍；

两天时间内，包装好的费列罗榛果威化巧克力能够覆盖胡夫金字塔；

健达巧克力6个星期的产量就与埃菲尔铁塔一样重；

如果将一年中从费列罗工厂运出的嘀嗒糖排起来，将是地球与月球距离的1.4倍；

在国际市场上，健达出奇蛋一个月的量就可以铺盖整个天安门广场。

在全球夹心巧克力市场中，费列罗公司以市场占有率19%成为当之无愧的领头羊，而费列罗榛果威化巧克力在世界上最畅销。在公司的营业额中，夹心巧克力名列第一，大约占总数的23%（数据来自2011年到2012年），紧跟其后的是能多益（占20%），跟前几年的百分比（在15%到18%之间浮动）比起来有所提高。与它并列的还有小糕点和巧克力（占20%），之后是巧克力蛋（健达出奇蛋，占16%），接下来是冰冻点心（占8%）、烘焙食品和嘀嗒糖（占5%），最后是饮料（占3%，夏日茶只在意大利销售）。

全球第四大集团

17世纪初，"印度汤"[评论家和历史学家皮埃特罗·坎波利斯（Pietro Camporesi）给热巧克力的幸福定义]来到了欧洲，首先来到法院和修道院，而后才来到咖啡屋。当时只有少数幸运的人才有特权享用它。到了1847年，它才开始"民主化"。大约一个世纪后，费列罗公司才开始生产可以让每个人都消费得起的巧克力特色产品，在巧克力糖果市场（该工业生产基本上是以巧克力特色产品为主，但不是所有的甜品公司都是这样）上引发了一场数十亿消费者饮食习惯的变革，该变革带来了约800亿欧元的销售量。现在市场占有率的60%由6家跨国公司占据：3家美国公司、两家瑞士公司和1家意大利公司——费列罗公司〔见下图，数据来自2013年11月的《华尔街日报》，由欧睿信息咨询公司（Euromonitor）提供〕。

巧克力糖果，全球市场份额

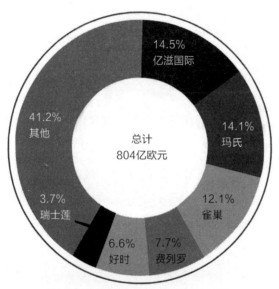

资料来源：欧睿信息咨询公司《华尔街日报》

排名第一位的公司是亿滋（Mondelez）公司，可能大多数人都没有听过它。它是由Monde（意思为世界，法语）加上delez（意思为美味）组成公司名称。这个名称是2012年企业并购后，由公司所有员工投票而来。亿滋公司的总部位于美国伊利诺伊州迪尔费尔德（离芝加哥很近）。公司旗下拥有多个知名品牌，如卡夫（前公司名）、吉百利、秒卡、克特多金像、三角（巧克力）、奥利奥饼干、雅各布斯咖啡、纳贝斯克和LU。其烘焙产品和口香糖并没有列入专业从事大集

151

团经济评估的欧睿信息咨询公司的研究对象名单中。排在第二位的是美国的玛氏公司，不过，如果把世界上最大的箭牌口香糖公司（2008年10月被玛氏公司收购）的销售额也计算进去（如其他排名榜中），它应排第一位。在某些方面，玛氏公司的历史与费列罗公司十分相似。它的总部在海科斯顿市，是新泽西州一座拥有1万居民的小城市。现在，公司由创始人的继承者（几乎都是女性）管理运行。老弗瑞斯特（于1999年去世，享年95岁）于1939年发明玛氏巧克力豆。人们对他的生平所知甚少。他在世时，没有人能够采访到他；他去世时，人们也是几天后才确信他已经去世了。玛氏公司（英国工厂）旗下有玛士条、士力架、星爆，特趣和邦蒂等一系列知名品牌。玛氏公司的运营十分谨慎，与外界很少接触，不允许任何人参观工厂，对公司的管理基于"五项原则"（质量、责任、互惠、效率、自主）。关于雀巢公司，图中公布的数字只统计了巧克力产品的营业额，雀巢公司的总营业额要比这个高得多，大约800亿欧元。实际上，雀巢已成为世界上最大的食品品牌，雀巢公司也已是大型跨国公司，其总部在瑞士的沃韦。费列罗公司在世界上排名第四位，排在其竞争对手——美国好时公司前面。好时公司的"好时之吻"牛奶巧克力发明于1907年，其泪滴形状一直沿用至今，从未改变。排名第五位的是瑞士莲公司（应该是排名第六），1879年是瑞士莲公司的重要历史年份（或许是鲁道夫·莲忘记关机器）：制造出第一块黑巧克力。所有费列罗公司的竞争对手都有一段悠久的历史：瑞士莲公司创建于1845年，雀巢公司创建于1866年，好时公司创建于1894年，玛氏公司创建于1911年，卡夫公司创建于1923年（作为国家乳制品公司而成立）。

全世界的可可豆有一半是由巧克力寡头购买，而全世界70%的可可树种植在非洲。随着需求量不断增加，400万吨的可可豆已不再满足该行业的需求。根据国际可可组织（ICCO）分析，可可豆供不应求的状态还会持续到2018年，可可豆的平均价格也会因此上涨。这将使大企业的负担越来越重。费列罗公司每年都会消耗10万吨的可可豆，消耗的榛果量也高达8.5万吨。

费列罗公司——当初这一朗格大区的小工艺厂发展速度迅猛，世上"无人能及"（至少在食品工业中）。它是意大利资本扩张最有代表性的例子之一：从1964年创建公司的那天起，其发展只通过自筹资金的方式，拒绝与其他公司签订任何形式的收购或出售协议。2009年，费列罗公司收购英国吉百利公司的谈判几乎是说停就停。有两个十分有吸引力的收购提案，报纸对其进行了报道，只是从未得到费列罗家族的证实。第一个是1998年由烟草巨头菲利普·莫利斯公司（那时他还拥有卡夫食品公司）提出的以12万亿里拉（约合当时7亿美元）收购费列罗公司的方案，第二个是2013年10月雀巢公司提出的收购费列罗公司的方案。在《国际金融报》上传开的这条消息，被费列罗公司首席执行官小乔万尼断然否定了。他亲自写了一封信寄给了全球各地的报社编辑，该信随后也登上了意大利报纸的整个版面，其标题为"我们只出售给我们的客户"。标题下方是一个能多益的罐子，以及两行自豪而又坚定的话语："费列罗断然否认接受任何收购报价，费列罗不会出售给任何人。"

2014年年初，费列罗公司公布了截止于2013年8月31日的财政年度的财务报告——从2004年开始，费列罗公司就用这个截止时间点来统计上一财政年度财务状况，到现在已经成为传统了。因为考虑到某些产品的季节性，在2013财政年度，费列罗公司综合营业额上升了81

亿欧元，在10年内翻了一番。

2004—2013年度费列罗公司综合营业额增长图

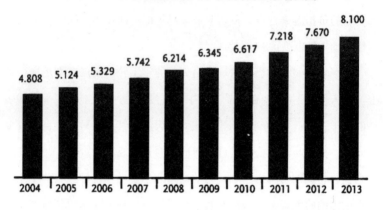

　　费列罗公司70%的销售量是由10个"大品牌"实现的。在巧克力糖果市场上，费列罗公司在5个国家中处于领先地位：德国、意大利、法国、葡萄牙、新加坡；在另5个国家排名第二位：奥地利、罗马尼亚、希腊、中国和韩国；在欧洲市场占有率超过17%。费列罗公司在全世界拥有73家综合公司、20家工厂和3万名员工（包括5308名临时雇员，大多是意大利以外的）。其法国和意大利工厂都在争夺"能多益城"的称号：在法国诺曼底维莱埃卡勒的工厂是每年生产能多益最多的工厂，不过，同时算起在阿尔巴和圣安杰洛德伊隆巴尔迪的两个工厂生产能多益的量，则意大利是生产量最高的国家。

那无法模仿的滋味

　　当像好时公司这样的大型企业开始向能多益发起挑战时，这种

154

挑战在美国引起了轰动。能多益——这种能涂抹的榛果酱开始改变美国人的消费习惯。能多益随手杯（配有可以蘸着能多益酱的面包棒）取得了很大的成功，越来越受到大众的青睐：它是一款十分方便携带的休闲小食品，人们对新奇的面包棒十分感兴趣。2014年1月15日，一场名为"涂抹大战"的活动在美国正式开启。总部设在宾夕法尼亚州（那里的街灯都是采用"好时之吻"牛奶巧克力的形状）的好时公司在市场上推出了三款"好时涂抹酱"：巧克力味、巧克力和杏仁味、巧克力和榛果味，同时在其网站上也推出大型广告来"煽动"和"教育"消费者。好时公司使用"涂抹的可能"来邀请美国的食客们，鼓动他们发布自己喜欢的搭配出来的食物照片：草莓（在"好时涂抹酱"的包装上就印着草莓图案）、吐司、煎饼，甚至还有胡萝卜、芹菜、爆米花和薯条。一些评论家甚至还在美国的报纸上发表文章称，好时公司用其仿制品（罐子与能多益的十分类似，并且配着一个滚边的白色盖子）抢占了费列罗公司在土耳其和南美洲等新兴国家的市场份额。在20世纪70年代的意大利，费列罗公司的竞争者试图进入涂抹酱的市场，但最终都被迫退出竞争。这些竞争者及其竞争品牌分别是：派乐萌（Plasmon）公司的"Ergo Spalma"（巧克力酱）、星空（Star）公司的"Ciao Crem"（奶油）、莫塔（Motta）公司的"Genuita"（真品）。

有时，费列罗公司产品也遭受他人仿制，为此，企业的法律部不得不拿起法律武器进行长期的战斗。在中国，就发生蒙特莎公司生产的金莎（Tresor Dore）巧克力"克隆"费列罗公司生产的榛果威化巧克力包装及装潢事件。费列罗公司提起诉讼。这起官司持续了好几年，直到2008年4月，费列罗公司才第一次迎来历史性时刻：北京市最高人民法院判决蒙特莎公司立即停止销售相关夹心巧克力产品。最终，意大利企业胜诉。实际上，人们都说仿制能多益的产品比香奈儿还要多。随着经济危机持续不退，许多"自有品牌"开始频频出击。在费列罗公司的竞争者中，就有这么一家名为"努特考"[1]的中型企业，它给欧洲连锁超市提供产品，位于戈沃内卡诺维，离阿尔巴的费列罗工厂仅15千米。该企业由费列罗公司前雇员朱塞佩·布拉伊达于1982年成立，如今年营业额为上亿欧元。因为价格对许多消费者来说极具吸引力，所以消费学者吉安保罗·法博利斯发表于1994年4月11日的《晚邮报》[2]——一篇标题为"能多益的战略将拯救许多大品牌"[3]的文章中写道："为了得到纯粹的经济优势，品牌的意义早已被牺牲掉了。"大品牌的正确回应方式不应是降低价格和质量与仿制者在同一个层次上追逐，而是应该坚持自己产品的"不可重复性"。理由就是法博利斯补充到的："品牌是用来交流我们身份、生活方式及我们心情的重要工具。或许我们有时并没有意识到，实际上，我们的消费模式是以某种形式被产品的社会及象征意义支配。从这个角度上看，那些不是'品牌'的品牌从不吱声，也缺乏灵魂。"如同预言一般，延续至今，能多益总能抵抗仿制者的进攻，即使在没有消费涂抹酱习惯、举步比较艰难的市场里仍然保持着相同的战略。

当费列罗公司在一个新的国家推出它的产品标志时，采用的几乎

---

[1]　意大利名为Nutkao

[2]　意大利名为Corriere della Sera

[3]　《La strategia della Nutella salverà le Grandi Marche》

都是20世纪六七十年代在意大利曾经行之有效的营销战略。首先，尽力让人们了解产品的特征：基本成分是榛果、可可和牛奶，"不含防腐剂"；其次，让家庭成员学着把它当作早餐；最后，采用一句感情饱满的广告语，如2014年在美国的一次开幕式上提出的"Spread the happy"（传播快乐）。这些战略让能多益增长强劲：根据国际欧睿公司的调查，最近5年销售量增长了5倍，高达2.4亿美元。不过，为了实现这个目标，费列罗公司花了几乎30年的时间。早在1985年，费列罗公司的榛果酱就在美国市场登陆，当时试图让其成为花生酱的替代品，所以在新泽西州的萨摩塞特开了一个小厂（现在那里已是总部）；随后，在2006年发起了盛大的"征服美国"行动，只是将工厂建在加拿大的安大略省。起初，在美国的推广活动，靠的是在欧洲服兵役的美国士兵回到祖国后的口口相传，以及在校园里的学生之间爆发的时尚——学生们对"欧洲"食品已经上升到崇拜的程度。但是不管怎么说，当时它仍是一种小众消费。直到最近几年，才慢慢地转变成为上百万人的早餐习惯。

在澳大利亚，费列罗公司实际上也采用了相同的营销战略。1974年，费列罗公司就在澳大利亚开设了工厂，比美国还早：在这儿要击败的对手是维吉麦（诞生于1923年，现已是卡夫食品公司旗下的品牌）——它是由酵母抽提物经加工而得的咸中带苦的一种暗色酱，既可以用来烹饪也可以涂抹在面包上。与其十分相似的是英国的马麦酱。但是，最终这两个品牌都在榛果酱手中完败，连作为盎格鲁—撒克逊传统的橙子果酱都举起了白旗：这是由英国食品专业杂志*The Grocer*（《百货店》）在2011年进行一项调查时发现的。根据这项调查，能多益这一年销售量增长了8%。如果在法国是由于缺乏竞争者

（除了一些"自有商标"）而导致榛果酱的市场份额居高不下的话（实际上，很多消费者都认为能多益是法国品牌），那么在德国，也只遇到了一位竞争对手——努道希[1]：它是萨克森州生产的、在柏林墙倒塌之前的民主德国十分畅销的怀旧品牌之一；在德国统一之后，生产就停止了。不过，1999年该品牌又重新开始生产，并在德国东部的消费者中取得一定的成功。最为艰难、持久的霸权之战是在西班牙。20世纪60年代，意大利品牌恒星（Star）（如今在伊比利亚手中，属于真宝集团[2]）十分成功地推广了诺西拉（Nocilla）巧克力榛果酱，一共有3个品种：榛果巧克力酱、白色酱和双色酱。直到2013年，能多益才一雪前耻："经典"榛果酱这个品种的市场份额跃居第一。

能多益的第一盟友仍然是面包：如果面包的人均消费量低的话，能多益就很难畅销。一个南美洲人每年大约消费70千克的面包，欧洲人大约是50千克，中国人则刚到3千克且很难用筷子涂抹榛果酱！如今，在中国这个世界最大的市场上取得成功的主要是费列罗榛果威化巧克力，其金色的包装被认为是吉祥的象征。

甜蜜魔法师

"美国人对能多益着迷。"经过这么多年，现在看来美国人已为能多益榛果酱而疯狂：在芝加哥，世界第一家能多益甜品店迎来了成千上

---

[1]　德语为Nudossi。

[2]　Gallina Blanca，西班牙公司。

万欣喜若狂的食客们——自从2013年12月2日开张以来，为了能品尝这个特色食品，每天都是很多人排起了长龙。同写有意大利语的大型广告牌上宣传的一样，能多益甜品店供应：能多益面包、能多益牛角包、能多益玛芬（Muffin）、能多益糕塔、能多益淑女之吻（Baci di Dama）曲奇、能多益可丽饼及能多益煎饼。这个食谱在意大利已经习以为常了，但是在伊利诺伊州从未见过，加上都是选用上等质量的原材料来搭配可涂抹的榛果酱，这个食谱上的食物都是只能在意大利特色美食"圣殿"里找得到。芝加哥Eataly美食超市是意大利人打造的农业综合企业品牌专卖店，在全球向3200人提供工作岗位（2014年2月数据），2015年估计将达到5000人：他们将分布在意大利的11座城市，还有纽约、伊斯坦布尔和迪拜等城市，而且不断地向其他国家扩张。"Alti cibi"（字面意思是"高食物"，被印在商标上）美食城是由奥斯卡·法利内蒂创建的。它被设计成一个专门经营由慢食主义顾问精选出的手工美食专业场所。它向我们提供一个四周围着许多红色与黑色标签的能多益罐子的空间。法利内蒂是吃在意大利超市餐厅（Eataly）的拥有者，在第一罐能多益问世时还只有10岁："这是真的。在我的国家，吃在意大利超市餐厅让人们了解一些中小企业生产的奶酪、饼干、火腿和冰淇淋。但是在全球我们给大家带来意大利大型农业食品企业的美好和美味，比如百味来、拉瓦扎（Lavazza）、穆蒂（Mutti）和费列罗公司。这些企业都采用高质量的原材料，并且通过规模化来给消费者提供合理的价格。我生在阿尔巴小镇。阿尔巴人都十分感谢费列罗家族为我们这个地区所做的一切。于是我有个想法，找到这家甜品跨国公司的管理层并和他们一起创造这件十分特别且有意义的事：在芝加哥吃在意大利超市餐厅内有大大小小15家餐厅，其中能多益主题餐厅外排起的队伍是最长的。它的成功出乎我们的意料。现在，我们在研究如何在全球复制这一尝试。"

致力于搭配涂抹酱的能多益甜品店与开于20世纪90年代末的能多益专卖店不一样。能多益专卖店并没有像期待中那样成功，因为它更像一种快餐店而不是一个可以给让大家带来乐趣的消费集聚地。现在这一项目，如同其他涉及面包店的项目一样，由费列罗公司旗下的一个不为大多数人所知的公司来操作。这个公司的专业人士是真真正正的"甜蜜魔术师"，他们尝试新的独特产品和包装，研究对产品重新定位的广告活动。这家公司名叫"Soremartec"（技术与市场研究公司），它是费列罗公司的"诺克斯堡"（美国国库黄金存放处），在该公司孵化已成长为跨国公司的费列罗公司的发展计划。在正式文件里是这样描述它："2006年年底，在阿尔巴新开业的Soremartec公司向整个费列罗公司提供在技术和市场营销方面的服务、信息及各种研究成果，为的是不断发明和推出新产品，确保不断地创新和对现有产品进行改良。"所以，该公司以360度的视角全方位进行活动：对产品进行感官分析，米歇尔也经常参与其中；给"大品牌"营销组合计划做准备；研究新型的包装。它是一个自主的结构，与产品—企业的高管们没有联系，直接对企业主负责，代表企业创新的核心。除了阿尔巴的总部，Soremartec还有两处驻址：一处在蒙特卡洛的丰特维耶港，那儿有办公室和实验室（是老米歇尔先生移居摩纳哥公国时创建的）；另一处在卢森堡。

想要知道那些"甜蜜魔术师"正在进行的秘密项目，那是相当困难的。自然，芝加哥吃在意大利超市餐厅的经验让人察觉出酒店、餐馆和咖啡厅这些行业的潜力：能多益即使在超市行业外也可以有一片天地。对于费列罗公司来说，这并不意味着要进入餐馆行业。在公司内部他们总是说道："这不是我们的职业，这就像空中客车公司（Airbus）想要开一家航空公司一样。"

可以扩大品牌的领域吗？这是多年来激发市场营销人员进行辩论的一个主题，因为这虽然存在风险，但是在品牌管理中是普遍的做法。劳拉·米内斯特隆尼指出，品牌延伸有三种可能性：

1. 产品线扩展：当产品以一种新的口味或充分呈现时（永远不会发生在能多益上），当改变定位或设计时（能多益罐子上的商标和包装是不动产，最多就是改变展现消费它的方式：要不带有更多情感，要不就更体现理性消费），以新的品种形式呈现在公众面前时（如2013年能多益的广告活动）；

2. 品牌延伸：当推出相同特色的产品时（如星巴克的咖啡烈酒或能多益口味的冰淇淋），当产品是"互补或者配套"型时（如面食与百味来的酱汁），当产品是不同的产品类型，但是有"相同的企业和生产经验"（如帕玛拉特的果汁和牛奶），有相同的设计和设计师（阿玛尼或乔治亚罗的眼镜，有同时设计服装和汽车的设计师）；

3. 品牌扩张：尽管有保持与母品牌相同的价值和经营理念，但远离企业的核心业务还是存在很大风险的（唯一成功的一个案例是维珍公司）。

费列罗公司内部认为进行"品牌延伸"是十分危险的做法，因为这样做很有可能会导致原始品牌资产破灭。不过事实上，他们也做了一些类似的尝试，如十分成功地推出能多益随手杯，在意大利还推出了与夏日茶的搭配。另外，Soremartec公司长久以来一直在研究新的"费列罗专业"系列，其中就包括提供给手工业冰淇淋制造商们的特定产品。在2014年5月的"冰淇淋节"，公司还展示了"能多益专业系列”的半成品，就是为了制作出真正的能多益口味的冰淇淋。这个经"原产地名称控制"认证的能多益冰淇淋的出现，给那些至今并没有得到授权的冰淇淋制造商们提出了警告。随后，费列罗公司将会给全意大利的冰淇淋制造商们提供这个半成品的制作方法。

他们正在着手进行一项第三大或者说更为重要的项目：近几年来，他们通过各种测试，想要发明出一款能多益夹心薄脆饼。现在这款休闲小食品也上市了，于2014年春季能多益50周年庆典之际推出。这款新的特色小食品名为"能多益B-ready"，在全世界范围内都适用。它玩了一个英语bread（面包）与be ready（准备好）的文字游戏。这款产品已经在公司的试验网站上（lanuovacolazione.it）和（在意大利城市巴里和法国的一个区）路牌广告上以"一种新的方式，让你享有一顿愉快的早餐"推出：它是一款"结合了小面包原始的脆感与能多益独特浓稠润滑口感的独特产品"；是另一款创新产品——面包与能多益都是备好了的，就像迷你的法式长棍面包，专门为早上赶时间的人们准备。

Soremartec公司在各种实验中的指导方针是，绝不抛弃把品牌推向成功的产品特性：榛果的口味（拒绝不同的口味，比如好时公司采用的杏仁）和浓稠润滑的口感，这不管是在薄脆饼中还是在冰淇淋中都要品尝得出来。这种定位在费列罗公司被定义为"品牌力量"。到目前为止，这种力量从未失败过。

旧经济的冠军

"Stay hungry, stay foolish."（求知如饥，虚心若愚）这是史蒂

夫·乔布斯在2005年送给斯坦福大学的学生们的至理名言。在第二次世界大战之后的废墟中，意大利出现了饥荒，就像苹果公司的创始人所指的那样，人们对自己所拥有的没有满足感和成就感，但是这个国家有些"愚蠢"地渴望着去冒风险，去寻找新的梦想。在20世纪60年代，那些"勇敢的企业主们"向我们展示了乐观与敢为的欲望，如米歇尔·费列罗、马里奥·帕维思（Mario Pavesi）、彼得·百味来（Pietr Barilla）和詹尼·百味来（Gianni Barilla）、朱塞佩·拉瓦扎（Giuseppe Lavazza）、艾尼斯多·伊利（Ernesto Illy）、勒贡洛·佛萨迪（Regolo Fossati）、埃麦尼吉尔多·杰尼亚（Ermenegildo Zegna）、莱昂纳多·戴尔·维吉奥（Leonardo Del Vecchio），现在他们都已成了回忆。那些年，意大利社会与今天比起来，非常贫穷，或许也更不公平、更无知些。当然也没有出现当前这样的分歧与不确定性，因为国家有一个明确共同的目标：改善自己的生活和环境。这个"旧经济"的核心就是他们——家族企业。米歇尔是一个糕点师的儿子，出生在朗格的一个小乡村。现在，他管理着一个市值80亿欧元、在全球拥有3 000多名员工的商业帝国。百味来家族在把公司卖给美国人之后，还可以再购买回来。Lavazza与伊利咖啡杯遍及所有国家，代表着意大利浓缩咖啡的"生活方式"。莱昂纳多·戴尔·维吉奥因为在眼镜业上取得成功，几年来与米歇尔争相坐上以资产规模为依据的意大利福布斯排行榜的第一名[他们两位的事业都超过了西尔维奥·贝卢斯科尼（Silvio Berlusconi）]。而杰尼亚公司已经传承到了第四代，他们的服装店从美国开到了中国。然而，由佛萨迪（Fossati）创建的Star公司没有发展得如此顺利，它已经成了西班牙人的品牌，而Pavisini则成了百味来旗下的品牌。

很遗憾，确实有很多意大利品牌已经握在外国人的手里。时尚界有：克里琪亚（Krizia）已经为中国人所有，弗劳（Frau）则到了美国家具公司海沃氏（Haworth）旗下，芬迪（Fendi）、璞琪（Emilio Pucci）、帕尔玛之水（Acqua di Parma）都由法国奢侈品跨国公司路威酩轩集团（LVMH）伯纳德·阿诺特（Bernard Arnault）管控着——其竞争对手弗朗索瓦-亨利·皮诺（François-Henri Pinault）管理经营的法国巴黎春天集团（PPR）则收购了古驰集团（Gucci）和赛乔罗希公司（Sergio Rossi）。在农业食品行业，国外收购还更具规模：法国兰特黎斯集团（Lactalis）掌控了格尔巴尼（Galbani）与帕玛拉特（Parmalat），百得利橄榄油（Bertolli）现在已经是西班牙的了，佩鲁吉娜和堡康利（Buitoni）被雀巢公司收纳旗下，卡夫被瑞士莲公司收纳旗下，雅凡娜（Averna）和派尼高蒂（Pernigotti）被土耳其Toksoz集团收纳旗下，甘恰（Gancia）公司大部分股权属于俄罗斯的鲁斯塔姆·塔里科（Roustam Tariko）。

费列罗公司虽然总部在卢森堡且只有三分之一的员工是意大利人，但是仍然是少数意大利跨国公司之一，几乎是意大利唯一达到如此规模的家族企业且没有家族外股东。在托斯卡纳的葡萄酒行业中，有一些家族企业繁荣昌盛了几百年，如1114年创建的瑞卡梭利酒庄（Barone Ricasoli）、1385年创建的安东尼世家酒庄（Marchesi Antinori），他们都是世界上最古老的家族企业。尽管作为一家相当"年轻"的公司，费列罗家族始终有着自己坚守的传统，而这个传统与其原地区有着紧密的联系。能多益尽管有很高的知名度，但它的所有者总是保持着低调的作风，其人员与企业构成情况也鲜少被曝光；很难在报纸、档案里找到有关他们的一张照片，他们不接受采访，所采取的隐私保护措施如今算是十分过度的。

最近几年，有许多大学开始对"家族企业"这个概念进行研究，并且列出不同的参数来下一个正确的定义：比如，评估家族是否占有一部分的控股权、企业是否上市；评估家族是否参与管理；评估企业是如何从一代传到下一代的。可以说，费列罗公司无论从战略决策还是资本管控，都是十足的家族企业。在都灵被称为"律师界的律师"的弗兰佐·格兰德·斯蒂文斯（Franzo Grande Stevens）[曾是菲亚特主席乔治·阿涅利（Giorgio Agnelli）的聘用律师]曾陪伴费列罗家族多年，在其甜品公司的董事会担任各种职务，在其国际化早期指导金融发展。2012年6月，在电视节目《全景》（Panorama）中的一段采访里，斯蒂文斯主张在家族企业里由企业创始人来对该企业定义："我认识许多企业创始人，百分之百敢肯定他们都迫切渴望能确保他们的创造物有一个美好的未来。我很了解米歇尔·费列罗，他不仅仅希望能保护好他的遗产，而且更希望能确保公司拥有未来。这就是为什么如他一样的企业家都觉得，必须寻找一种方式来确保自己的继承者们都同样地爱这份工作，有着同样的能力和素质。"

根据最近的研究，意大利登记在商会下的企业（一半企业的营业总额超过5000万），有85%的企业还是家族控股。最近，很多家族企业都遭受危机的冲击，但是只要在公司发展阶段的指导原则得到遵从，他们就能够比那些由只求短期效果的经理人所管理的公司更好地幸存下来。

虽然费列罗家族的一些管理者接二连三地遭受悲剧命运的打击，过早地离世，但是企业也已经顺顺利利地、并未出现任何管理问题地传承到第三代。彼得、乔万尼和米歇尔的名字在能多益王朝里不断地被提及。该工厂的创始人是彼得·费列罗和乔万尼·费列罗兄弟俩：当时命运让他们一个接一个地在50来岁就离开人世。所以领导公司的重担就落在彼得·费列罗的儿子米歇尔的肩上：如今他已是90岁高龄，仍然是家族企业真正的"救星"。而他的孩子就叫（小）彼得和（小）乔万尼。

米歇尔的儿子小彼得在南非骑着他心爱的自行车时，由于心脏病发作在2011年4月不幸去世，享年47岁。当时，他正与父亲在约翰内斯堡跟进他们在该地的公益企业发展。他就生活在阿尔巴，在布鲁塞尔和都灵求过学，获得生物学学士学位。他负责企业创新、工业组织和财政。他与路易莎·司徒米拉婚后育有三个孩子：麦克、玛丽·德尔和约翰。1995年6月，他在接受意大利权威财经杂志《资本》（Capital）月刊的安东内拉·蓝毗罗（Antonella Rampino）采访时谈道："就算今天由弟弟和我共同经营管理公司，但是父亲的影响还在。有时我们——有费列罗家族人员，也有我们最亲密的员工，一起参观咖啡厅或超市，跟消费者交谈，询问他们对我们出售的小糕点和巧克力有什么看法。我们也在这个领域做点市场营销，然后晚上与其进行交谈，并会产生一些有趣的讨论。这是一种很古老的工作方式。然而决定一般是在周末大家都聚齐的时候做出的。"

小乔万尼在美国学习市场营销。他作为管理者的职业生涯主要是从商业领域开始的：从1997年开始，与哥哥一道管理公司并担任家族控股企业的首席执行官。多年来他也坚持创作短篇小说[到如今已经有5本小说分别在蒙达多利（Mondadori）与里佐利（Rizzoli）出版社出版]。他与欧盟委员会的工作人员鲍拉·罗希结婚，并且有两个孩子：米歇尔和贝尔纳尔多。现在，在卢森堡总部，只剩下他来给整个集团掌舵。他也像他的父亲一样喜欢在全世界各地转。多年来，他乘坐直升机出行，在皮诺托里内塞、阿尔巴、摩纳哥和布鲁塞尔之间度过每一周。

小乔万尼：能多益带领我们成长

"请不要把它简单看成是一份薪酬！前提是不懈的努力、全方位的责任，以确保每一个人都能以最大限度不断地改进，以及永久地追求卓越……这要求以不屈不挠的决心发扬团队精神，对共同目标的重要性有清晰的认识。然而，个人利益会像黑暗处的坏疽从每个没有充足动机的组织内部开始吞噬整个企业。"写这些话的作者是柯林斯（Collins）——英国杰出管理者查尔斯·贝茨（Charles Bates，想要去非洲，想要了解那里的一切）称他为"非洲大陆的专家"。贝茨是小乔万尼写的小说《阿达摩的花园》（Il giardino di Adamo）中的主人公。这篇小说是以无边的大草原上的爱情故事为背景，主题是对比发达国家与新兴国家的发展模式。跨国公司首席执行官创作的小说里的那些概念是反映他的想法的一个十分有趣的迹象。这些概念也背叛了特定的文化与伦理参考，甚至是有关市场营销的其他东西。几年前，他在集团通讯报上发表了一篇文章，声明道："我深信成功的企业是那些能实现'glocal'经营的企业，即全球与本土齐驱、更好地满足本土消费者的企业，不管他们到哪。'全球化的思想，本土化的操作'只是一句空洞的口号。"小乔万尼于2013年11月罕见地接受了《华尔街日报》的采访，并说道："我出生于一个企业家的家庭，同时我们也打算继续保持这样。"他补充道，"既不想出售给'任何人'，也不想上市。费列罗公司打算继续以自主选择的方式成长，它一直都是这样成长起来的。接下来的目标就是在地理上以亚洲和美国作为驱动，在产品上主要以能多益作为驱动，整个集团的营业额将在10年内翻一番。"

在采访中，他给我们确认了一些有趣的细节。

"为什么你们把国际费列罗公司的总部安置在卢森堡，并且您在那里工作了多年？"

"我们选择了'中欧'是因为这里对巧克力及'餐外甜品'，如点心、茶点、牛奶甜品等的消费十分集中。另外，我们的竞争对手的总部也在这儿，这使我们能站在全球的角度运作公司。在这里，我们觉得与整个集团像绳索一般紧密相连。"

"经合组织曾把能多益作为全球化的一个成功例子。能多益尚不同于一些世界品牌，如可口可乐或麦当劳之类。它的成功仅是因为它完美的配方吗？"

"当然，成功的基础离不开这个无法复制的配方，它可以满足每个人的口味，这个不可抗拒的滋味，无与伦比的一片抹有能多益的面包已经赢得了几代的家长和孩子，它是举世公认的。相对您提及的品牌，可以确定一些共同的元素就是，他们也正在跨代，并且也是吸引家庭的。"

"有哪些区别呢？"

"有一点差异是，在费列罗的能力不仅体现在给能多益创造独一无二的口味，而且能与其他仿冒者保持巨大的质量差别。这一点限制了我们的直接竞争者在国际水平上的发展。其原因与费列罗系统有关，不可能对绝对顶级的质量及其成分的加工进行复制，这一切都是源于我们丰富的对榛果加工的经验。"

"你们将保持忠于你们的起源，朗格的榛果……"

"这是当然的。但是单单朗格的榛果满足不了需求。我们是唯一能够在任何季节都能使用新鲜的带着香气的榛果。而我们所有的竞争对手都只能使用秋季采收的榛果，一到春天，我们也能够使用上来自南半球极度新鲜的产品，因为那里正是收获榛果的秋季。为了确保这个压倒性的优势，我的家族在20多年前就开始在智利、南非和澳大利亚等国家发展榛果种植园。"

"您说，能多益很好，采用高质量的成分。但这或许还不足够使它成为一个'至爱品牌'。"

"我现在说明另一个与其他主要'至爱品牌'的区别。在能多益的身后有一家真正的家族企业，它致力于长期发展目标，从不会对质量进行妥协。我想消费者也很好地察觉到了这一点。最后，与其他大型的流行品牌相比不同的是，能多益长期耐心建立起的一个基本元素是：与早餐联系在一起，一般来说也就是与刚醒的那一刻联系在一起。能多益进入许多家庭，我们用心地与他们建立起深深的关系。这种跟消费者之间独有的关系可以通过每天的能多益早餐、通过它的关注者们在网站或以其他方式自发地发布'爱的宣言'，通过真实的内容（文本消息、照片、设计图、视频或一些创造性的倡议）来展现它是独一无二的、无与伦比的。"

"从经济增长的角度来看，欧洲总是比较迟缓。印度、中国、巴西和其他国家将会成为未来发展的主角。今天能多益销售最多的是在意大利、法国、德国和比利时、荷兰和卢森堡。您在《华尔街日报》说过，将会带着能多益到新的市场，作为公司发展的牵引，由此在接下来的10年可以将费列罗的营业额翻一番。能多益还会像过去50年里采用过的发展模式来增长吗？会对酒店餐饮行业特别留意吗？"

"首先我想指明，我们继意大利、法国、德国之后的第四大销售市场是美国。在10年前能多益在欧洲以外的市场的销售量只占9%。而今天达到了28%，我们的五年计划将会带动欧洲以外市场一个快速的增长。一般来说，到目前为止我们已经不再需要对我们欧洲以外的市场的发展模式做出太大的改变。比如说，我们着重将能多益与面包搭配在一起作为早餐，在所有地区进行推广：最近就在巴西、俄罗斯、美国市场推广。很明显，一些国家他们的饮食习惯与我们有很大的不同，比如说在亚洲，我们可能需要寻求一些稍微不同的模式。当然在我们经营的所有国家中，我们都会仔细地评估他们'外出'的行为，主要对这个最能表现一个强大文化特征的'户外消费'这一块市场进行评估。"

费列罗家族一贯的低调，在对小乔万尼的一次采访中可谓表现得相当明显。他在采访中确认了在意大利版图中这个如此不同寻常的家族企业的一些基本特征：在市场上寻找独特的产品；对原材料质量高度关注；与朗格以及这个家族的起源地之间的联系；自豪于通过自己使公司得到发展，并且继续这样做下去；致力于一些新的发展，比如在美国进行庞大的投资；对亚洲和一些新兴国家制订销售拓展计划，而不是只停留在欧洲市场；能够近距离地观察未来"出门在外"市场。首先，承载这一切的基础就是在昔日很自豪地根植于我们意大利的商业道德，加之当经济爆发时注入了乐观与敢为：遗憾的是，这两种品质在我们今日的企业家中已算是稀有品了。

第四章

能多益涂鸦

utella

10
能多益的播放列表

有什么是可以把马泰奥·伦齐（Matteo Renzi）与安东内拉·克莱里奇（Antonella Clerici）、维多里奥·费特里（Vittorio Feltri）和利加布埃（Ligabue）、阿兰·杜卡斯（Alain Ducasse）与法比奥·法滋奥（Fabio Fazio）、费奥雷罗（Fiorello）与卢卡·克劳德洛·迪·蒙特泽莫罗（Luca Cordero di Montezemolo）联系在一起的吗？这是一个聚集作家、记者、艺术家、企业家、政治家等的跨界党派。他们进行了一次涂鸦。不过，与那些在墙壁上或地铁车厢上的涂鸦有所不同的是，这次涂鸦十分雅致：这些知名人士或通过讽刺，但主要通过暗示来真诚表达他们的感情。也就是通过这些，表达能多益从20世纪80年代开始就经久不衰。参与编写了意大利权威词典《德沃托·奥利》（*Devoto Oli*）的语言学家吉安卡洛（Giancarlo）做了一项名为"九十年代的字词"（Parole degli Anni Novanta）的研究。在研究中，他将400条新词汇分别编入新闻、政治、电视语言条目。其中，"能多益"被认定为"意大利人最热爱的词语"——这个认定被喜爱榛果酱的"成功人士"们认为非常正确。由此，费列罗公司的营销策略获得了很大的成功：因为如此"赚得"媒体，比在任何一部电影或网上一段视频里所植入的广告更有价值。

多年来，能多益一直都具有很强的"社交能力"，深受几代人的青睐，也因此拉近了几代人的距离。事实上，这个能涂抹的能多益也抹到了书中。一些作家引用它来描写一种感觉、一个环境、一份记忆、一股热情。除他们之外，也还会有其他人参与其中。

一本关于能多益的简短文集分别收录了来自娱乐界、体育界、政治界、企业界及新闻界等人士的文章。它其实并不完整，但也不应该完整。这也展示了这份神话确实风靡全球，从电视节目里女表演者到知识分子都是它的爱好者：没有"能多益"的语言会是什么样子？

最受喜爱的语录

"我的电视总是开着，我可以整晚整晚地边看老电影，边吃着能多益。"

——歌手洛蕾达娜·贝尔泰（Lorendana Bertè），出自1984年12月19日《波莱罗》（*Bolero*）

"在我14岁的时候，总是很紧张烦躁，会把所有的东西都一扫而空，包括能多益。"

——主持人、演员、歌手洛雷拉·库卡里尼（Lorella Cuccarini），出自1987年4月12日意大利节目《全景》（*Panorama*）

"如果你感到紧张烦躁时，能多益是最理想的佳品。"

　　　　——演员克里斯汀·德·西卡（Christian De Sica），出
自1988年3月6日杂志（*Grazia*）

"我的早餐吃什么？拿铁咖啡、两片面包和能多益。"

　　　　——滑雪者、速降冠军克里斯蒂安·盖迪纳（Kristian
Ghedina），出自1990年2月3日安莎通讯社

"我对两个东西没有抵抗力，一个是保时捷Carrera，另一个是能
多益。"

　　　　—— 电视主持人、前议员加布里埃尔·卡鲁奇
（Gabriella Carlucci），出自1992年4月8日《时代》
（*Epoca*）杂志

"为什么不颁发诺贝尔文学奖给能多益的发明者？"

　　　　——电视主持人法比奥·法滋奥，出自1992年7月8日
《心》（*Cuore*）杂志中的"大问题"专题

"我有三四件事是可以确定的，其中一件就是能多益。"

　　　　——歌手利加布埃，出自1993年3月12日《新闻报》

"一份可融化冰川、不可阻挡的热情！它击中了政府领导人，迷
晕了艺术家们，诱惑了诗人。对能多益的爱只可意会，不可言传。那
带着吉安杜佳味道的榛果酱，超过食品范畴，是属于精神领域的一种

超感知状。"

——记者劳拉·卡拉塞（Laura Carassai），出自1993年10月8日《新闻报》

"我是个吃货，最最享受的事是吃完一个夹有萨拉米（意大利风干猪肉香肠）的面包后，马上再吃一个涂抹有能多益的面包。"

——演员莫妮卡·贝鲁奇，出自1994年7月5日《共和报》

"能多益男孩撤退了，他们担忧、疲惫，但重要的是他们很满足。他们中大部分人对学生抗议活动都采取很温和的方式，但绝不沉默，两个星期的占领也就足够了。"

（注：当年，当罗马高中被一部分左翼非意识形态的年轻人占领时，报纸在报道时称这些年轻人为"能多益男孩"，因为他们还处在吃可丽饼和能多益的年龄。）

——记者、作家马西莫·格拉梅利尼（Massimo Gramellini），出自1994年11月21日《新闻报》

"如果你感到压力大，就吃点能多益/如果你感觉很轻松，也吃点能多益/在相爱后，顺其自然/能多益会安慰你。"

——原创歌手雷纳托·泽罗，出自与易万·格拉兹阿尼共同创作于1995年的《你姐姐的能多益》歌词

"我们想干吗？难道是想用一生的时间去后悔打翻了能多益吗？"

　　——演员及导演莱昂纳多·皮拉西奥尼（Leonardo Pieraccioni），出自1995年电影《毕业生》

"我认为库拉泰罗（Culatello）火腿是属于右翼的；莫达德拉（Mortadella）博洛尼亚火腿属于左翼；如果瑞士巧克力是右翼，能多益算是左翼。"

　　——原创歌手乔治·贾贝尔（Giorgio Gaber），出自1995年《左右》歌词

"如果有人问能多益是左还是右，这个游戏我不参与。"

　　——歌手詹尼·莫兰蒂，出自1995年2月11日《共和报》

"如果把能多益定义为装在罐子里的巧克力榛果酱，就如同把多那太罗的大卫说成是一大块大理石雕像一样。同一切独具风格的创造物一样，能多益超越了其物理构建范畴，具有一种精神上的含义。"

　　——美国作家安德烈·李（Andrea Lee），出自1995年3月6日《纽约客》（The New Yorker）

"没有频道的菲宁维斯特（Fininvest），就如同扔掉能多益的费列罗。"

　　——意大利前总理西尔维奥·贝卢斯科尼，出自1995年3月22日《晚邮报》

"一个好的故事就像能多益一般，既有营养又有乐趣。"

——作家毛里齐奥·马吉亚尼（Maurizio Maggiani），

出自1995年5月6日《新闻报》

"必须在学校运用电视教学，孩子们既可以通过阅读来学习，也可以通过影像来学习。问题不再是如何开或关电视，而是如何教他们看电视。它就像能多益一样：如果一口气吃四罐，对身体就会有害；但是少吃一点……"

——电视作家安东尼奥·里奇（Antonio Ricci），出自1996年3月12日《共和报》

"大不了就中能多益的毒。"

——歌手吉安卢卡·格里纳尼（Gianluca Grignani），出自1996年6月2日《联合报》（l'Unità）

"在亚特兰大夺金后的那个晚上，我的勺子沉没在能多益中。"

——奥林匹克冠军尤里·切齐（Jury Chechi），出自1996年7月30日《新闻报》

"维尔特罗尼（Veltroni，罗马市市长）是'能多益'国（暗指意大利，讽刺意味）的克林顿。"

——政治家毛里齐奥·加斯帕里（Maurizio Gasparri），

出自1966年8月26日《新闻报》

"我家从来都不缺能多益。只要身体允许我都不想放弃它。"

　　　　——歌手乔琪亚（Giorgia），出自1997年9月14日意大利
杂志《微笑和歌唱电视》（*TV Sorrisi e Canzoni*）

"一级方程式赛车比赛前我的早餐是：能多益、枫树糖浆、酸奶
和一杯牛奶。"

　　　　—— 一级方程式赛车手雅克·维伦纽夫（Jacques
Villeneuve），出自1997年10月26日《共和报》

"就看见四五十岁的人以前吃着能多益现在改成裴拉诺
（Peyrano），以前喜欢因纽特人现在喜欢巴宝莉。"

　　［注：在《即停》专栏中，两位作家针对一部分无党派人士反对
达里奥·福（Dario Fo）获得诺贝尔奖引起的争议而进行评论。］

　　　　——作家弗卢德罗（Fruttero）和卢臣提尼（Lucentini），
出自1998年3月26日《新闻报》

"对我而言，能多益最好的口味是在他27摄氏度的时候，因为就
像红酒一样，能多益也有着它最理想的温度。"

　　　　——电视节目主持人露琪亚·可洛（Lucia Colò），出自
1998年4月8日《新闻报》

"两年后，罗马诺·普罗迪（Romano Prodi）先生的'能多益'
（带有讽刺意味）政权承认需要自我更新。"

　　　　——记者维多里奥·费特里（Vittorio Feltri），出自1998
年6月18日《全景》

"将能多益吃个精光的感觉一定很好。"

　　——原创歌手皮耶罗·佩鲁（Piero Pelù），出自1999年
2月7日《微笑和歌唱电视》

"意大利能多益/看祖国正奋起/原则是面包上/把涂抹来留下。"
（注：这是在效仿意大利国歌）

　　——理查德·卡西尼（Riccardo Cassini），出自因蒙达
多利（Mondadori）出版社2000年出版的《能多益的小书》
（*Il piccolo libro della Nutella*）

"能多益是推移的时间和顽抗的童年。"

　　——作家、记者吉安卢卡·法维多（Gianluca
Favetto），出自1999年12月1日《共和报》

"这种在能多益里藏刀的方式真是够了。"

　　——政治家吉安弗兰克·菲尼（Gianfranco Fini），出自
意大利国家电视台一套（RaiUno）2000年4月13日脱口秀节
目《门对门》（*Porta a Porta*）

"我的'能多益'值得（涂）上你的领结。"

　　——政治家瓦尔特·维尔特罗尼，出自意大利国家电视
台一套（RaiUno）2000年4月13日脱口秀节目

"能多益的广告说'世界少了能多益将会怎样',我们说,'中心少了民族联盟将会怎样'。"

——政治家尼亚齐奥·拉·鲁萨（Ignazio La Russa），出自2002年2月21日《晚邮报》

"今天,能多益是个跨国的诱惑,神经病科医生对它也仔细看待:还得做一些测试才知道,能多益是否能够与抑郁做斗争。"（多甜蜜的希望）

——作家、记者伊果·曼（Igor Man），出自2002年12月28日《新闻镜》（*Specchio della Stampa*）杂志

"我很喜爱花生和一勺勺的能多益。"

——演员加布埃尔·加科（Gabriel Garko），出自2003年4月13日《新闻报》

"我的歌《它曾经最美》（*Era bellissimo*）讲述的是一个爱情故事,但故事的结局不是悲剧。一个美的故事就像能多益,可以最大限度地享受乐趣。"

—— 歌手、电视主持人弗兰切斯科·法基内蒂（Francesco Facchinetti），出自2004年1月12日《晚邮报》

"《北意大利》（*La Padania*）是唯一一家全页刊文恭贺能多益四十周年庆典的报纸。这是那天的消息……"

——政治家罗伯托·马罗尼（Roberto Maroni），出自2004年4月20日安莎通讯社

"他很怕无法找到自己已经习惯了的一些东西。在美国，如今已可以找到能多益了。"

——歌手、演员汤姆·威茨（Tom Waits），出自2004年7月21日《晚邮报》

"冬天制作能多益，夏天栽种葡萄。"

——记者、作家阿尔多·卡楚罗（Aldo Cazzullo），出自2004年10月10日《晚邮报》

"能多益是意大利精神的精髓：可以涂抹的美味。"

——记者伊丽莎白·朴富勒多（Elisabetta Povoledo），出自2004年12月10日《国际先驱论坛报》（*Herald Tribune*）

"能多益是该国家工业的主要象征，就好比维斯帕摩托车或菲亚特500。一些人说它是意大利的缩影。"

——记者埃里克·约瑟夫（Éric Jozsef），出自2005年9月29日《解放报》（*Libération*）

"作为糕点师的米歇尔·费列罗，通过他伟大的洞察力，从能多益开始，发明了不同的产品。由于他的创造力、能了解消费者的口味喜好的能力及作为企业家的魄力，这些产品都成了世界的领头羊。"

——卢卡·克劳德洛·迪·蒙特泽莫罗（Luca Cordero di Montezemolo），出自2005年10月12日安莎通讯社

"晚上我梦见了能多益。"

——运动员、游泳冠军菲利普·马尼尼（Filippo Magnini），出自2005年10月18日安莎通讯社

"我充满着担忧，就像在幼儿园的第一天，准备好要拿装有面包、能多益、小苹果的小篮子，并做自我介绍，但是很希望这不是一所政治幼儿园[1]。"

——电视节目主持人米歇尔·桑德罗（Michele Santoro，在接到法院判决之后，他从记者岗位再次回到意大利国家电视台工作），出自2005年11月4日《晚邮报》

"欧洲民主联盟党将有一个新名字，叫马斯特拉（Mastella），因为它与Nutella押韵（意大利文里都以tella结尾）。"

——克莱门特·马斯特拉（Clemente Mastella），出自2006年1月17日安莎通讯社

---

[1] 暗指受到管控而无法做到言论自由。

"今天早上吃能多益，但是我不能太夸张。你们看着吧，我知道怎么处理好。"

——足球运动员弗兰切斯科·托蒂（Francesco Totti），出自2006年2月20日安莎通讯社

"我喜欢瓦尔特·维尔特罗尼，就像喜欢能多益。我说的是现在，之后的事再看。能多益，我知道它是怎样的。我也知道瓦尔特·维尔特罗尼是怎样的。他像能多益一样，很细柔的。"

——记者皮耶罗·欧斯特里诺（Piero Ostellino），出自2007年6月30日《晚邮报》

"是哪个疯子想改能多益的名字？"

［注：左翼民主党（Ds）的财务人士反对将"联合庆典"（festa dell'Unità）名称进行更改］

——政治家乌戈·斯普瑟蒂（Ugo Sposetti），发表于2007年8月25日

"一个国家的最高上诉法院一方面存在着近900万起长达10来年的悬而未决的公诉案件，另一方面却被迫不得不浪费时间来决定是否可以受理通过使用能多益涂抹法院的浴缸来处罚裁判官这一上诉。这样的国家将如何幸存？然而这样的事件确实发生了。"

——记者吉安·安东尼奥·斯特拉（Gian Antonio Stella），出自2007年10月3日《晚邮报》

"我想吃能多益/一整天就吃它/我想和你一起/沉沦在能多益罐里。"

　　——原创歌手尼科洛·卡瓦奇尼（Nicolò Cavalchini），
出自《我想吃能多益》歌词（2008年iTunes下载量最多歌曲
之一）。

"能多益是胖女人的鸦片。"

　　——葛皮·古齐亚莉（Geppi Cucciari），出自2008年1月
戏剧《人生只有一次》台词

"我什么都吃，但不是随便吃。当然有些喜爱吃的还是要割舍。
我也有我的能多益罐子。"

　　——跳远冠军安德鲁·豪（Andrew Howe），出自2008
年4月10日《米兰体育报》

"水果、蔬菜和酸奶，然而，有时也要在能多益里来个短途旅行。"

　　——前任工业联合会主席、企业家艾玛·玛切嘉利
（Emma Marcegaglia），出自2008年3月13日《晚邮报》

"我很喜爱能多益。在纽约店里时，我总会有一罐5千克装的能
多益。"

　　——主厨阿兰·杜卡斯（Alain Ducasse），出自2009年4
月19日激光放大器（LaStampa.it）网站

"我喜欢能多益到把它涂抹在伤口上的地步；我擦伤了膝盖，就把它涂上，之后就痊愈了。从那里，为什么妈妈们，你们买能多益之后会把它藏起来？能多益不仅是用来吃的一种酱，它也是一个世界。"

——主播罗萨里奥·费奥雷罗（Sosario Fiorello），出自2009年5月16日意大利天空卫视（Sky）特约节目

"我的秘密？腹肌和能多益。我太喜爱它了……"

——意大利职业女子网球运动员弗拉维娅·佩内塔（Flavia Pennetta），出自2009年11月10日《罗马体育报》（Corriere dello Sport-Stadio）

"老是在那炫耀着帕韦斯（Pavese）和费诺里奥（Fenoglio），从来都不想肯定朗格最有名气的发明，那就是能多益。"

——记者、电视评论员阿道·格拉索（Aldo Grasso），出自2009年11月19日《晚邮报杂志》（Corriere della Sera Magazine）

"放开那能多益。"

（注：北方联盟在议会上产生了一个委员会，作用于维护"皮埃蒙特酱"不受欧盟采用的有关食品"红绿灯"标签规范的束缚。）

——政治家罗贝托·卡斯特里（Roberto Castelli），出自2010年6月18日《晚邮报》

"经常想起能多益。有它的陪伴，午后的无聊和那看起来无法摆脱的爱情折磨都悄然退去，有一种莫名得奖的不现实感，但我十分享受它。"

——记者、作家弗兰切斯克·皮科洛（Francesco Piccolo），出自2010年6月18日《联合报》

"我中意能多益冰淇淋面包/很多的点心/三个牛角牛奶蛋黄酱番茄酱/从来都不缺。"

[注：这首有着那不勒斯儿童旋律的歌曲在优兔（YouTube）上已经被转载900万次。唱这首歌的歌手有个艺名叫皮科洛·卢奇奥（Piccolo Lucio）]。

——卢奇奥·瓦里奥（Lucio Vario），儿童歌手，2011年

"如果我赢得温布尔登网球公开比赛后，最想要做的事是什么？那就是沐浴在能多益里。"

——世界排名第二的埃尔维亚职业网球运动员诺瓦克·德约科维奇（Novak Djokovic），出自2011年7月4日安莎通讯社

"我正为《共和报》写一篇关于我去费列罗工厂参观的文章。为了作品更贴近现实，我现在是否可以先尝一点能多益呢，对吧？"

——作家乔安娜·哈里斯（Joanne Harris），出自2012年11月20日推特文章

"我给心灵做的护理？就是可丽饼和能多益。"

　　　　——俄罗斯网球运动员玛丽亚·莎拉波娃（Maria
Sharapova），出自2012年11月28日《晚邮报》

"无论是在左翼阵营还是在右翼阵营，他们都不会废除一些获许的消费，其中就包括在他们政治活动中对生蚝与能多益的强制性消费。"

　　　　——记者、作家皮耶路易吉·巴蒂斯塔（Pierluigi
Battista），出自2013年7月7日《晚邮报》

"还记得小时候的夏天，一大家人去瓦拉泽小镇或去当时作为殖民地的菲纳莱利古雷小镇度假，那时的生活过得十分惬意。天天在镇里活动，每天都在同一个时刻醒来，之后一起去海边，一起对着面包和能多益狼吞虎咽。"

　　　　——演员伊莎贝拉·法拉利（Isabella Ferrari），出自
2013年8月12日《晚邮报》

"啊，对了，在叙利亚他们没有给我的，今天在这里收到了。谢谢，十分感谢大家。"

　　（注：在被掳走5个月后，他终于被释放了。一重新回到都灵报社的编辑部，他就对着同事们送来的能多益发笑。）

　　　　——记者多梅尼科·奎里克（Domenico Quirico），出自
2013年9月10日《晚邮报》

"我脑袋上没写着乔·空逗（傻瓜），这句话在我小时候就学会了……是时候轮到我们出击了。"

　　——政治家、意大利前总理里恩科·莱塔（Enrico Letta），出自2013年9月20日《晚邮报》

"你们见过个性化的能多益吗？把名字印在罐子标签上的想法真是太吸引人了。"

　　——政治家、意大利总理马泰奥·伦齐（Matteo Renzi），出自2013年10月15日《晚邮报》

"昨天，当我在吃水果沙拉时，就在想象它们都蘸上了能多益。"

　　——体操运动员瓦内莎·法拉利（Vanessa Ferrari），出自2013年11月2日《晚邮报》

"你们知道，当一个人在品尝能多益时，一勺是不够的。"

　　——足球运动员安东尼奥·卡萨诺（Antonio Cassano），出自2014年1月3日《晚邮报》

"我为比萨和能多益疯狂，经常对它们没有抵抗力。"

　　——网球冠军萨拉·爱拉尼（Sara Errani），出自2014年1月25日tennisworlditalia.it网站

"能多益50周年后，那么问题来了：是涂在面包上吃更好呢，还是直接用勺子挖着吃好？"

———2013厨艺大师大赛获胜者蒂齐亚纳·斯特法内利（Tiziana Stefanelli），出自2014年1月27日推特文章

"如果你讨厌能多益，那很显然你根本不明白什么是甜品和甜美。"

———《野蛮人入侵》（*Invasioni Barbariche*）演员卡尔洛·盖帕尔迪尼（Carlo Gabardini），出自2014年2月7日电视7台名人访谈节目

"我喜欢吃能多益（男人），并且吃了许多。"

[注：与卡尔洛·盖帕尔迪尼一起接受了达莉娅·比格南尔蒂（Daria Bignardi）的采访。卡尔洛宣称自己是男同性恋，并且将果酱（指女人）与能多益（指男人）做起了比较。]

———模特、《野蛮人入侵》演员贝伦·罗德里格斯（Belen Rodriguez），出自2014年2月7日电视7台

"太棒了，能多益跟我同龄……永远年轻。"

———电视主持人安东内拉·克莱里奇（Antonella Clerici），出自2014年2月9日推特文章

"我只把书和写着：部长'最好的礼物'的一罐能多益带回家。"

———莱塔政府教育部前部长、教师玛丽亚·绮亚拉·卡若轧（Maria Chiara Carrozza），出自2014年2月23日推特文章

书中的能多益

我到老了才停止工作，退休那天我发现得了癌症。我十分沮丧。放了首手枪乐队的歌曲*Problems*，进厨房找能多益。

——朱塞佩·古力齐亚（Giuseppe Culicchia）《全部趴下》（*Tutti giù per terra*），1994年Tea出版社出版

就像前三代的年轻人一般，通过躲着吃能多益（有时在黑暗中）来安慰自己。

——玛丽亚·劳拉·罗都塔（Maria Laura Rototà）:《芝麻酱、能多益、比萨同其他意大利的稀奇古怪》，1995年Sperling&Kupfer出版社出版

我不得不穿上黏有能多益的衣服，因为在技术层面上来说，擦去它并不是件简单的事。它并不滑溜，而是紧紧地糊在你身上。

——雅克布·弗《我爱你，但你的右臂让我厌恶，剁了吧》（*Ti amo,ma il tuo braccio destro mi fa schifo,tagliatelo*），2000年因蒙达多利（Mondadori）出版社出版

她触碰了内心最甜蜜的地方，那里就像个装有能多益、饼干、小甜品及果酱等各种甜品的柜子。在内心的那个角落里，你一旦进入了，一切就顺其自然，并将不愿意再出来。

——法比奥·沃洛《出来走走》（*Esco a fare due passi*），2001年因蒙达多利出版社出版

或许那时候他躲在某个角落，肚子饿了，也没有人给他带吃的，哪怕是一点面包和能多益呢。

——乔治·法内迪（Giorgio Faletti）《我杀》（Iouccido），2002年Baldini Castoldi Dalai出版社出版

"坚不可摧！"她在后面对他叫了起来，"你愿意去喝一杯卡布奇诺吗？"他转过身，眯着眼睛，认出了她，于是停了下来。从来没有人碰撞过他，也没有人跟在他身后。"卡布奇诺和能多益牛角面包，你请客。"

——玛格丽塔·奥格若（Margherita Oggero）《美国朋友》，2005年因蒙达多利出版社出版

"我得跟你谈谈。"他突然从床上跳起，赤裸着身子，"我饿了。"这样，我们在厨房聊了起来。他把能多益涂在饼干上，之后又准备了些小面包，一口一个地吃了起来。

——玛尔尕内特·玛赞蒂尼（Margaret Mazzantini）《来到这个世上》（Venuto al mondo），2008年因蒙达多利出版社出版

总是记得在家里储备一罐能多益、两块榛果巧克力——最好是诺维牌，但瑞士莲也可以。

——塞巴斯蒂安诺·蒙塔多利（Sebastiano Mondadori）《明天就到一年了》（Un anno fa domani），出自2009年Instar社交网站

在一个又矮又小的桌子上整齐地放着10罐肉罐头，20罐金枪鱼罐头，6罐橄榄油，12瓶水、果汁和可口可乐，一罐能多益、两罐蛋黄酱、饼干、小点心及两块牛奶巧克力，抽屉里还放着三包面包。

——尼科洛·阿玛尼提（Nicolò Ammaniti）《我和你》，2010年艾诺迪（Einaudi）出版社出版

"当然很帅啦。"玛格丽塔低声说道。

"谁？"

"能多益神父。"玛格丽塔压着声音解释道。

——马克·马尔瓦尔迪（Marco Malvaldi）《百万中的百万》（*Milionidimilioni*），2012年Sellerio出版社出版

11
成功的时间线

能多益的历史开始于1964年，但是不能不提及它的"先人们"，即吉安杜佳巧克力和超级酱（Supercrema）。它们都诞生于从事手工业制作的家族里，并由该家族经营销售。费列罗家族来自巴索皮埃蒙特大区的朗格丘陵地带中的一个小村子。追溯那时期其家族发展历史，得从彼得·费列罗开设的第一家店说起。那时，贝尼托·墨索里尼开始手握大权，电影院开始渐渐停止放映拉里·塞蒙（Larry Simon）的喜剧，一直到意大利邮政出版了纪念能多益五十周年庆为止，细细数来，费列罗家族一步一步取得了一个个里程碑式的发展。这段历史延续近一个世纪，在其后面的50年里，能多益慢慢地成了主角，在众多意大利人最喜爱的"lovebrand"中占据一席之地。

前身

1923年　朗格的一家糕点店

在面包店当了几年学徒后，年仅25岁的彼得·费列罗在朗格区

（库内奥省）多利亚尼小镇的街道旁开了一家带有长廊的糕点店（见下图），并用蛋糕征服了比自己小4岁的皮埃拉，两人于1924年结婚。

1925年　米歇尔·费列罗出生

这对糕点师很喜悦地于4月26日在多利亚尼小镇迎来了他们的小继承者——米歇尔。彼得·费列罗对待工作勤勤恳恳，对未来十分有抱负并且坚定无比：那个坐落在山丘间的小镇也满足不了他的理想，他决定带上全家来到中心区，即阿尔巴，在那儿一家已有名气的店里工作。

1933年　都灵的第一家店

这位进取的糕点师希望能去都灵闯一闯：在都灵新门（Porta Nuova）火车站片区的卡尔洛·菲利切广场（Piazza Carlo Felice）边开了一家带有烘焙作坊的糕点店。5年后，他抱着赚第一桶金的心态试着去索马里，销售潘妮朵尼给当时驻扎在那里的意大利殖民地军队。

彼得·费列罗这段冒险活动持续了两年，但是并没有成功。随后，他重新回到皮埃蒙特的首府。

1937年　乔万尼·费列罗成立了百货商店

彼得·费列罗的弟弟乔万尼·费列罗（见照片）比彼得·费列罗小7岁。他在多利亚尼小镇长大后，于20世纪30年代搬到阿尔巴生活。在那里，他开始做起了自己的食品生意，也做给面包店批发酵母的生意。

11月2日，他成立了"乔凡尼·巴蒂斯塔的欧塔维阿·阿梅利奥"公司，业务范围为"制作食品、糖果、糕点和酵母等并零售和批发"。该公司注册在他的妻子欧塔维阿·阿梅利奥名下。他们于1930年完婚。妻子当时是阿斯蒂省卡内利（canelli）小镇知名面包店里的售货员。乔万尼·费列罗就像特别检察官一样。

1940年　圣萨瓦里奥（San Salvario）街区的七扇橱窗

圣萨瓦里奥街区是都灵最高档优雅的片区之一。彼得·费列罗与妻子创建的带有七扇橱窗的糕点店在这里开张：生意进展得很顺利，他们有着优质的顾客，小甜品也很受大家的欢迎。

之后，第二次世界大战爆发，联军开始轰炸这里，他们最终决定回到阿尔巴。

1942年　阿尔巴的手工坊

即使在当时冲突不断的艰难情况下，费列罗夫妇也坚持经营他们的糕点店：彼得·费列罗在阿尔巴老城区位于那塔兹街8号的小小手工坊中精心制作着新的独家糕点。

年轻的皮埃拉在全城最漂亮的（销售烈酒、糖果、糕点）店里做收银员。这家店是她的亲戚开的，名叫拉瓦，开在维多里奥·埃马努埃莱二世大街（见下图）。它是城市的主街，被称为"大师街"：由于它十分高雅，所以阿尔巴人也称它为"达·比菲"（Da Biffi，意为来自比菲，比菲是米兰著名的咖啡馆）。

1945年　吉安杜佳巧克力（Giandujot）"杂烩"

这一年的秋天，费列罗手工坊有了起色，彼得·费列罗依靠聪明才智创造了一款"谦逊的甜点"，即"杂烩"（几年之后，他的儿子米歇尔这样定义它）：一种用少量可可、榛果、糖和素油制作而成的混合物。

吉安杜佳巧克力以一锭铝箔包裹着，呈块状，可以将它切成一片片的，与面包夹着吃。它首次亮相便取得了巨大的成功。

1946年　费列罗公司建设性的一步

5月14日，公司在库内奥的商会登记注册，当时官方的登记信息为："皮埃拉·希拉里奥的彼得·费列罗即朱塞佩·费列罗，位于阿尔巴，巧克力、牛轧糖及甜食生产商。"

到年底，费列罗公司生产线上员工已经增加为30名，工厂也搬到了维瓦诺大街，就是今天费列罗公司厂房所在地。

乔万尼·费列罗成了哥哥彼得·费列罗的合作伙伴，负责市场销售和商务。

1947年　榛果味的"小奶酪块"

为了淡忘战争带来的贫苦，费列罗公司开始生产一种小美味：如小奶酪般大小、榛果口味的客莱蜜浓（Cremino）巧克力。当时意大利人的口袋里没有几个子，但是所有人都可以接受花5里拉（相当于今天的20美分）来购买21克的新甜食。

1948年　公司被水淹没

1948年9月4日的早晨，阿尔巴塔罗利亚河发洪水，淹没了建在离塔纳罗不远的费列罗公司的厂房：当时正在上班的120名女工被洪水所逼，爬上了屋顶。

彼得·费列罗与工人一起，连续三天三夜铲淤泥，尽自己一切力量来挽救公司。随后，公司恢复了生产，但是他的身体受到了很大的影响。

1949年　彼得·费列罗离世，超级酱问世

3月2日，在最终品尝着成功的时候，彼得·费列罗（见右图）死于"心脏病"，享年51岁。公司在其弟弟乔万尼·费列罗和遗孀皮埃拉的管理下蓬勃发展。当然，这也要感谢一款新的独家产品。

这款首次问世的独家产品就是可以涂抹的吉安杜佳酱：取名为超级酱，它是能多益真正的前身。印在1千克装罐子标签上的广告词是："一款美味、正宗、不低于5 100卡路里的高能量值的产品。"在另一款大听装的被称为"榛果酱"（Nusscreme）的标签上写着："保存具有高能量值的食品。"

1950年　普通合伙企业

彼得·费列罗离世之后，在5月5日，公司登记为"彼得·费列罗&彼埃拉公司"，经营方式更改为普通合作企业。这是第一次真正意义上的企业重组，并让公司从手工阶段过渡出来。当时，重新登记后的公司实收资本为600万里拉（约合如今24万美元），三名合伙人：遗孀皮埃拉、彼得儿子米歇尔和彼得·费列罗弟弟乔万尼·费列罗等额持有。家族内部也进行了分工合作：25岁的米歇尔负责生产，乔万尼·费列罗负责市场销售和商务，遗孀皮埃拉负责人事。

其企业经营成果是辉煌的：工人已经达到300人，年产量达到17

吨（在几年后的1957年，产量翻了一番）。

1951年　米歇尔设计出第一款产品：酥尔担尼洛（Sultanino）

酥尔担尼洛是年轻的米歇尔设计的第一款产品，当时他26岁。这是一款创新小食品，是给小孩子当点心的低价产品。他购买了新的机器独自生产这款小食品，为的是给叔叔一个惊喜：这块甜品很快就大获成功，年产量也从一开始的0.7吨增长到1952年的3.1吨。

1952年　乔万尼·费列罗成立费列罗咖啡公司

乔万尼·费列罗还继续（与其他合伙人一起）经营独立于他哥哥的甜品公司。这年，他建立了费列罗咖啡公司。

乔万尼·费列罗还拥有其他食品企业的股权，如埃尔多拉多品牌冰淇淋（Eldorado）——它也是在那不勒斯一家工厂进行包装（后来，这个品牌被和路雪公司并购），波利科罗的南部糖厂，都灵拥有优质巧克力知名品牌的闻绮乌尼卡公司（Venchi Unica）——它正努力将Talmone公司的产品重新推向市场。

1953年　只卖30里拉（约合如今1.2美元）的克莱玛布洛克（Crema block）巧克力块

在阿尔巴，由米歇尔发明的另一种甜品——克莱玛布洛克开始投入生产：36克重的巧克力，内部填满榛果，售价30里拉。

新的甜品公司能够击退竞争对手，靠的是小分量的包装，而不是昂贵奢华的包装。

1954年 再见了，吉安杜佳商标

当时，吉安杜佳商标还是那个都灵脸谱：一张堆满笑容的脸和搂抱着的两个孩子，旁边的文字写的是"我曾经是第一，现在也仍然最棒"。这个商标被费列罗徽标所取代：小写的斜体字上面是一个阿尔巴城市（也就是著名的"百塔之城"）的象征——王冠。

费列罗店铺里出现了一个新的产品：Cremalba。它被包装成面包块一样，价钱也按大小分为20里拉、50里拉和100里拉。它是一款甜品，由奶粉、椰子黄油、蛋和糖等原料制成，拥有不同的口味：可可味、咖啡味、意式蛋黄酱的口味，或者如同一些果脯的口味。

1955年 费列罗公司小图案相册

从"大型有奖竞赛"开始"捕获大老板"，谁要是集满100个野生动物的相册（封面是一头大象），就会获得奖品：塑料动物玩具、娃娃

或手表。

收集小图案的活动一直持续到20世纪70年代。这些小图案一开始是放在一些产品的包装里，但这些产品渐渐地就消失了（退出了市场）：酥尔担尼洛、克莱玛布洛克、Pico-Rico-Tico（三角形大小如同小奶酪一般）、芭霸布丁（Budino Babà）、内阁尼塔巧克力块（Negrita），以及巴哈马（Bahama）。

1956年　蒙雪丽和蒙爱意

这一年，费列罗夹心巧克力首次亮相：樱桃酒心，外边套一件方旦糖"衬衫"，最外层是黑巧克力。其名字叫蒙雪丽，用的是红色包装，以此来将它作为一份表达情感的特别礼物。起初，它被取名为"樱桃益"（Cerasella），或许是启发"能多益"命名的众多品牌之一。与蒙爱意小块榛果巧克力（现在已经停产）并驾齐驱。

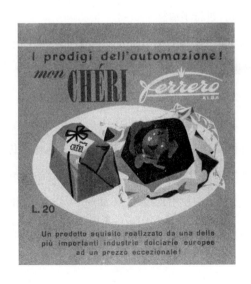

蒙雪丽像个微型的小箱子，次年在德国开始生产。宣传蒙雪丽的广告标语是："南部魅力的一团火。"其当即取得成功的根本原因是，对蒙雪丽采用了"一块一块"的散装方式进行销售。每块20里拉，一般被放在收银台附近区域。1957年，每天销售1吨；1958年，每天销售22吨；到成为德国最畅销的小块巧克力时，每年销售量为5亿块。

1957年　乔万尼·费列罗离世

乔万尼·费列罗在1955年被评为"劳动骑士"，当时他已经是意大利整个糖果工业中一个十分重要的人物。他旨在建立一个贸易协会，把当时最重要的公司汇集在一起，其中有Motta、Alemagna、闻绮乌尼卡（Venchi Unica）、帕韦西（Pavesi）公司等。

就在进入事业巅峰的时刻，他竟于1957年10月25日突然去世。他在费列罗公司的股份并未转到妻子的名下，而是按照1950年所设立并签署的公司协议，进行了清算。

遗孀欧塔维阿·阿梅利奥·费列罗当时决定致力于慈善工作，并一直持续到她去世（1992年，享年85岁）时为止。

1958年　在波佐洛马尔泰萨纳建立工厂

从米兰市往东25千米，就来到了伦巴第大区的波佐洛马尔泰萨纳小镇。费列罗公司收购了一家名为"Idam Martesano"的糖果公司——它一度曾是他们使用葛巴尼（Galbani）公司分销网络的竞争对手。他们瞄准了儿童点心新兴市场，在那里开始尝试制作一些烘焙和糖浆产品。

在欧洲不断进行收购扩张，在比利时开设了费列罗销售办事处。

1960年　劳罗榛果厂

朗格的榛果已经不能满足生产需求：需要南方的欧洲榛。于是，费列罗公司就在阿韦利诺省劳罗小镇开始运作。公司决定在坎帕尼亚受地震影响的地区开设两个工厂，在劳罗的仓库于1985年卖给了当地的一名企业家。

在法国，费列罗公司建立了"杜尔阙"（Dulcea）公司——起初只是一家经销公司。在诺曼底的维莱埃卡勒（距离里昂市25千米），费列罗公司购买了一家旧纺织工厂来作为生产基地之一，后来成为欧洲最重要的生产基地。

1961年　一款"总是新鲜香浓"的休闲小食品："布里欧丝"（Brioss）面世

经历多次尝试之后，意大利的橱窗中终于迎来了费列罗公司的第一款休闲小食品，名叫"布里欧丝"：一种在两片海绵蛋糕中塞满了杏酱或樱桃酱的小食品，现在仍在生产。"总是新鲜香浓，因为采用蛋、糖和面粉为原材料，并密封包装"，这是宣传它的广告语。

在意大利，费列罗公司有3个生产基地，其中每个基地每月的甜食产量就达到5 180吨。

1962年　费列罗成为股份公司

费列罗公司成为股份公司，资本为60亿里拉（约合如今2.4亿美元），总部设在都灵的马尔科尼大街，皮埃拉担任该公司董事会主席，直至她（1980年）离世。

米歇尔（见下图，20世纪60年代的照片）当时还不到40岁，成为公司的首席执行官，所有的股份自始至终都由这个家族掌控。

1963年　法兰克福的一幢摩天大楼

9月11号，米歇尔与玛丽亚·弗兰卡·菲索洛（两人于上一年在库内奥省萨维利亚诺镇结婚）的长子在都灵降生，取名为彼得，与他爷爷同名。在几个星期之后，即10月6日，父母就把他带到工厂同阿尔巴的技工们见了面。

费列罗公司在德国巩固了其地位：在法兰克福南边的萨克森豪森，跨过莱茵河，出现了一座11层的高楼，它就是费列罗公司在德国的新商务中心。

能多益与其他费列罗公司的产品

1964年　第一罐

4月20日，阿尔巴工厂开始投入生产，能多益诞生了。5月份，榛果酱出现在整个意大利消费者面前。当时是用八面玻璃杯包装，采用张贴海报的广告宣传方式。

费列罗公司将市场营销部和管理部门都移到了皮埃蒙特山丘间的皮诺托里内塞市的新商务中心。

好像是为了强调它正式跻身意大利大型企业，它的标签也重新设计了一番：去掉了小写的斜体字，突出了"FERRERO"这个金色的大写单词，以彰显其重要。

一款加入橙子口味并覆盖一层可可小蛋糕的休闲小食品——"妃野斯塔"首次出炉了。

9月21日，玛丽亚·弗兰卡在都灵产下与米歇尔的第二个儿子小乔万尼，也就是现任费列罗公司首席执行官。

1965年　在德国上架

能多益上市1年时，在德国市场上架。这次，榛果酱是以新包装，即以一种蜿蜒式的罐子亮相。随后，这种形状的罐子变得跟可口可乐的玻璃瓶一样出名。

费列罗公司不断推陈出新，推出的新品如多普乐（Duplo）巧克力，它是巧克力块（在1987年时，多普乐这个商标还被一款休闲小食品使用）；费列罗新的儿童系列产品，其徽标是一个微笑的小丑；同时推出的还有"魔咪"（Momi）糖果、"奇特口香糖"（Cipgum）、多普乐米（Duplo-ri，用米制作的爆米花，外表裹着巧克力）。另外，还请来国际米兰足球队运动员桑德罗·马佐拉及其家人进行证言式广告宣传。

1966年　在法国亮相，推出袖珍盒

在法国，能多益的译名为"塔尔蒂诺伊斯"（Tartinoise）。其新的包装很受法国人喜爱：榛果酱十分巧妙地运用了水果沙拉的杯子，或采用易于保存食品且可以循环使用的玻璃杯作为包装杯。

而在意大利推出的新包装为三个袖珍塑料盒，每个塑料盒装30克能多益，十分方便，特别是方便外出时携带。

费列罗公司在苏黎世建立了米拉尔巴纳（Miralbana）公司。在联合王国也建立了"联合费列罗"公司。

这些外国子公司的销量已经占到了费列罗公司总销售额的三分之一。

1967年　首次亮相电视节目

系列广告《心书中的一页》是由导演桑德罗·博尔齐拍摄的，它让

能多益开始在电视上亮相。意大利国家电视台每晚20∶50分开始电视节目《卡洛塞洛》，其中展示了能多益飞速发展的进程。5个简单的小剪影持续2分钟，其间不做产品广告，只在节目"末尾处"给出30秒的广告。

在小说家德·亚米契斯一系列节目之后，演员蒂诺·卡罗拉开始介绍——这时就是做广告：大家都说有4 000辆卡车运输这榛果酱给数以万计的儿童，让他们可以在面包上进行涂抹。

随后，通过第50届环意自行车赛，费列罗公司开始了第一次赞助体育活动，最终费里斯·吉蒙迪获得冠军：每一站费列罗公司都赠予获胜者印有费列罗标签的独家奖品。同时，"费列罗儿童小火车"（一种流动的食品机车，车上提供甜食）跟着这些自行车参赛者们环行在意大利半岛。

1968年　含有更多牛奶，更少可可

小朋友们都喜欢能多益，尤其喜欢小点心。由于赶上了"婴儿潮"，即生于1945年至1964年之间的儿童——这些小小消费者形成一支

大部队。一次，米歇尔想到了给这些小朋友们生产一种让其妈妈们也放心的食品：健达巧克力，一种内部含有牛奶的巧克力，且单独包装成一小块。宣传它的广告语是："含有更多牛奶，更少可可。"

给成年人则准备了一款夹心巧克力，即口袋咖啡：外围的巧克力包裹着香浓的咖啡。费列罗公司在瑞典斯堪的纳维亚省的马尔默设立了一个商业运营中心。

费列罗家族为了离公司总部近一些，从阿尔巴搬到了皮诺托里内塞城。

1969年　嘀嗒糖打开了美国市场

在发明了众多以榛果和可可为基本食材的独特产品后，费列罗公司把目光投向了一款薄荷口味的小糖果，几年后在全球范围内取得了很大成功。它跟能多益一样，是一款独卖产品，费列罗公司对其每一个细节都进行了深入研究。嘀嗒糖这个名字就是来自它的创新包装设计，方便放入口袋中，便于携带。

费列罗公司漂洋过海来到美国，在纽约建立了一家销售分公司。在短短15年内，费列罗公司在美国的销售总额就达到1 000万美元：其中最成功的产品就是嘀嗒糖。这种简单的"嘀嗒"音乐韵律的商业模式很快受到了美国人的欢迎："放入一块'嘀嗒'在嘴里，生活尽兴又过瘾！"

德国领先食品零售杂志（Lebensmittel Zeitung）社给米歇尔先生颁发了"金色甜面包"奖。

1970年 一家拥有7 700名员工的跨国公司

法国"杜尔阙"公司改为"法国费列罗"，驻地在诺曼底的蒙圣埃尼昂，离生产工厂只有几千米。

有了能多益、蒙雪丽、嘀嗒糖，费列罗公司的全球营业额达到近1 200亿里拉（约今天的10亿欧元），拥有7 700名员工。其一天的产量（包括榛果酱、夹心巧克力、糖果、小点心）达到55.6吨。

费列罗公司在皮诺托里内塞建立了名为"Pubbliregia"的广告部，意大利和外国创意人士一起，在广告部展开了宣传和推广产品的广告活动。随后，这个部门成长为一家有限责任公司，在20世纪90年代自主经营，并在1999年搬到了在皮诺托里内塞城附近的基耶小镇。

1971年 电视里俯冲的雀鹰乔·空逗

健达系列同时受到了孩子们和妈妈们的青睐。这就让费列罗公司产生了借助新品牌，将能多益全球化的想法。由此，他们尝试推出了能多益健达维他命（Nutella Kinder Vitamin），但是并没有多大反响：因为健达和能多益的成长道路不同。

电视节目《卡洛塞洛》中播放了一系列动画短片，它由帕格特（Pagot）兄弟绘制、都灵作家及歌词作者罗马诺·贝尔多拉设计，展示了巨人朋友打败俯冲直下的雀鹰的冒险经历。最后的台词是："这儿，写着乔·空逗吗？"这句话直到1976年都十分流行。

国家第一次作为机构认同并授予米歇尔劳动骑士勋章（Cavaliere del Lavoro），由当时的意大利共和国总统朱塞佩·萨拉盖特颁发。颁发理由是："在创建人相继去世后，时年仅24岁的继承人继续推动公司向前发展，产量大幅增加，产品对外推广不断扩张，影响力极深。"

1972年　夏日茶是第一款凉茶

这就是一场夏日茶的革命，意大利工业史上诞生了第一款凉茶。它的出现改变了几个世纪以来人们对这种饮品的消费习惯，即一般是在下午5点左右，用杯子喝热茶的习惯。30年后，能多益与这款饮料包装连在一起，结为了"小夫妻"。

费列罗公司在奥地利的因斯布鲁克开设了费列罗经营公司："Ducalba"首次登台。

1973年 国际控股公司

在卢森堡，费列罗公司建立了费列罗国际控股有限公司（Holding Ferrero International Sa），统一管理国外除德国子公司外的所有费列罗子公司。

米歇尔被授予一个国际奖，这个奖项也是第一次被颁发给欧洲人。它就是由美国《糖果杂志》（*Candy Magazine*）颁发的"水壶奖"。

费列罗公司的收益再次上升，达1 500亿里拉（约合如今60亿美元）；公司规模再次扩大，在意大利就有56个直销公司，销售人员3 000名；销售点30万个，运输补给车1 500辆，员工6 500名。

1974年 健达：每天都是复活节

复活节彩蛋最吸引大部分小朋友的是什么呢？那就是意外的礼物。那么，为什么每年才给孩子一次这样期待惊喜的机会呢？每天都给他们吧……靠着直觉，"米歇尔先生"（公司人都这样称呼他）创造了这款幸运的"健达出奇蛋"。

"健达部门"由此诞生，这个品牌—企业旗下有牛奶巧克力块、布里欧丝和巧克力蛋。宣传牛奶巧克力的广告语在20世纪70年代家喻户晓："含有更多的牛奶，更少的可可。"在它的包装上印有"健达小童星"的肖像——是德国小孩奥伊林格（Günter Euringer，如今是名摄影师）的肖像，一直使用到2005年。

榛果酱第一次进入年轻人使用的语言范围。记者切萨雷·兰扎在她的《年轻人语言集》（*Il mercabul-Il controlinguaggio dei giovani*）一书中，在年轻人语言"女孩"词条下写道，"女孩"如果与"老爷车"组合，意为"丑女"；与"粗面粉"组合，意为"平淡无奇的女孩"；与"能多益"组合，意为"甜美如巧克力一般的女孩"。

能多益在全世界的产量超过了2 200吨。

一家新工厂在澳大利亚利思戈开设，同时，费列罗贸易办事处在加拿大的多伦多建立。

1975年　广告语："妈妈你是知道的。"

"妈妈把你的面包涂好能多益。能多益一直以来都是仔细甄选材料，成分简单。妈妈你是知道的。正因如此，能多益配上面包的味道极好。今天为了你的宝宝，以后也是为了你。"背景音乐采用歌手妮拉·匹兹（Nilla Pizzi）的《飞吧和平鸽》（*Vola Colomba*）。长达13年，一直到1988年，费列罗公司都采用这个广告语让妈妈们记得能多益（或者说超级酱更恰当些）。该歌曲是1952年面世的，出现在妈妈们小时候的生活中，现在由她们来给她们的孩子准备能多益。

竞争十分激烈。意大利大型食品公司恒星公司推出了"Ciao Crem"，并且伴有大量的黑海盗的小图片。尽管他们进行了推广活动，但是这款产品并没有取得成功，短短几年内就从市场上消失了，与它们模仿产品的命运一样。

费列罗公司建立了两家工厂生产嘀嗒糖：一家在爱尔兰的科克市，另一家在厄瓜多尔的基多市。

震惊于在离他们别墅不远处的山丘中发生的5岁的彼得·轧里斯被绑架事件，9月份，费列罗家族搬迁到布鲁塞尔市。

1976年　健达康脆麦巧克力

能多益开始慢慢地向东方扩张。在悉尼市也建起了澳大利亚费列罗公司：它的任务就是让整个远东地区了解榛果酱，而并不仅限于已经有了生产工厂的澳大利亚。

报纸上出现了一则广告，列举了一系列成功的数字："在30年后，费列罗成为一家拥有8 000名员工的大型现代公司，以年消耗糖5 000吨、可可2 222吨、榛果1 556吨、牛奶945吨、樱桃45吨、日生产量达55.6吨的规模立足于世界。"

享有专利的包装机器设备，其设计和生产（全部严格保密，不准窥探）都由费列罗OMS（订单管理系统）部门完成，此部门后来成为费列罗公司专有工程部。

超市里新出现了一款迷你型的巧克力块，名叫健达康脆麦巧克力，其成分含有荞麦、大麦、大米和斯卑尔脱小麦等。

1977年　糖果工业领导企业

被不断提供新包装的能多益，迎来了用于早餐的玻璃"大杯子"。

费列罗公司成为意大利糖果行业的领头羊：巧克力块的产量排名第一，小巧克力块（费列罗榛果威化巧克力还没有问世）列ibp公司之后排名第二——作为涂抹酱则排名第一。

费列罗公司为意大利消费者提供了一系列不同果味的夏日茶，如蒙茶贡（Montigo），这款已经连续生产10年了。

费列罗公司在中国香港设立了一个运营总部。

1978年　出现榛果仿制品

在超市的货架上，首次出现了另一款榛果酱，想撼动能多益的市场地位：它就是派乐萌旗下儿童系列的"Ergo Spalma"。虽然该公司大张旗鼓地通过在包装中赠送罗马硬币的方式开展各种广告、宣传及推广等活动——在广告中还采用漫画中的法国英雄、高卢战士阿斯泰来结合罗马硬币做效果，但是并没有走到最后，很快就退出了市场。

东京的广场大楼上出现了一个新招牌：费列罗日本有限公司。

1979年　"能多益的朋友遍天下"

在德国，费列罗公司快速地回应了一些竞争者，声称："只有在标签上写着能多益的产品里，才能找到能多益。"（之后，这句话变成通用语言）

意大利杂志《漫画周刊》（*Topolino*）用连续5年的时间，在一整页的广告宣传页上打出了一句口号："能多益的朋友遍天下。"在该广告语上方，以特写的方式显示了不同种族和国籍儿童的照片——他们都表达了对能多益的喜爱。这个风格的广告比贝纳通在1984年推出的"天下所有的颜色"的广告要早。

1980年　痛心告别皮埃拉

5月份，米歇尔卸下了首席执行官一职，由维尔吉利奥·莫塔和卢奇亚诺·契尔萨接管他的职位。接着，陆续由其他管理者接任此职位。其中，最重要的接任者还是于1954年进入公司，与"米歇尔先生"关系密切、并肩作战的阿米尔卡雷·都利奥提。

1980年12月3日，创始人皮埃拉（见第215页图）与世长辞，享年

78岁：整个阿尔巴都在哀悼，有8000人来参加她的葬礼。她非常受工人们爱戴，是个铁腕女人，总是活动在企业中心，并且有很长一段时间都居住在工厂内的家里。

能多益在全世界的产量超过5555吨。

一家费列罗贸易办事处在荷兰开设。

1981年　分拆成两家公司

1月1日企业重组生效，在意大利成立两家公司：费列罗股份公司（Ferrero S.p.a.）和费列罗南方股份公司（Ferrero Sud S.p.a.）。不过，费列罗国际公司设立为控股公司，其总部在阿姆斯特丹，拥有股份控制权并协调所有公司运作。意大利的两家公司，营业总额将近5000亿里拉（约合如今200亿美元）。

一款名为"健达富裕早餐"的柔软"可可面包"开始出现在一般家庭橱柜里，其成分含有大米、大麦、黑麦、燕麦和小麦5种谷物。

1982年　费列罗榛果威化巧克力，一款畅销全球的夹心巧克力

为了保护消费者，最终以金色膜密封罐子包装能多益，出现在意大利人的餐桌上，这样的包装让人在打开它的时候更兴奋。

一整颗榛果被包裹在像能多益一般醇厚的巧克力酱里，接着是一层薄脆饼包裹，最外面均匀黏附着榛果碎颗粒：这就是费列罗榛果威化巧克力——骑士费列罗的又一"新作"，并且他本人还是用于生产此产品的精密复杂机器的创建者。如今，它成了世上最畅销的夹心巧克力，在中国销量排名第一。在各种成功因素里，也包括了包裹它的金

215

箔纸及要将其放置在蛋糕烤杯中的措施：一颗豪华的巧克力每个人都值得拥有。

人们对费列罗榛果威化巧克力的广告宣传的集体印象是，

英王室在接待意大利大使时，把费列罗榛果威化巧克力堆成金字塔状以提供给尊贵的客人，广告词是"一个让人喜爱的意大利创造"。在电视商业广告中，宣传画面是：一个无可挑剔的"黄衣女子"（从1990年到1998年），坐在她的劳斯莱斯里，向她的司机管家安布罗焦（Ambrogio）表示她空着肚子，这位忠心的管家于是为她准备好了费列罗榛果威化巧克力。后来，广告中有了国际代言人：在1999年，是演员李察·基尔（Richard Gere）；从2002年10月开始，代言人为在电影《浓情巧克力》里有着十分精湛演技的主演朱丽叶·比诺什（Juliette Binoche）。

1983年　社区计划及费列罗基金会

在阿尔巴附近的格林扎纳卡沃尔城堡里，米歇尔·费列罗向他的父母介绍了名为"社区服务"（Opera Sociale）的项目：就是希望提供给在公司工作了至少25年的长者们一个服务参考方式。次年出版了名为《直线》（*Filo Diretto*）的面向公司内部所有员工的定期刊物。1985年，"社区服务"有了第一个场所，专门为费列罗公司退休员工提供休闲空间、医疗室和实验室。玛丽亚·弗兰卡·费列罗（今日还在孜孜不倦工作）在1990年担任主席，在1991年建立了皮埃拉—彼得—乔万尼·费列罗基金会。

能多益迈出征服美国第一步：进军美国东北部。

1984年　南尼·莫雷蒂的电影《比安卡》

能多益20岁了，像一名美丽的少女，一直被"婴儿潮"一代的男生（现在已是青少年了）宠爱着。由南尼·莫雷蒂导演并主演的电影《比安卡》在电影院上映了，可谓是倾情奉献给广大观众。这部电影里有一个持续一分半钟的镜头，呈现了意大利的服装史，如同幸福的圣杯一般，也奠定了能多益的神话。主角米歇尔·阿皮切拉是高中老师，他与法国同事上床后，使用一个巨大的装榛果酱的杯子来驱走内心的苦闷：在静悄悄的夜晚，裸着身子，抓起一块面包，在既绝望又欢愉的表情下，在上面涂抹着榛果酱，并开始狼吞虎咽。

从那个时候，能多益就成了意大利人贪食、好吃的形象。

1985年　意大利南部两家工厂仍在建造中

1980年11月，遭受了地震的伊尔皮尼亚区开始建造两家新的工厂：总投资800亿里拉（约合如今32亿美元），其中国家拨款480亿里拉（约合如今12.8亿美元）。第一家是在意大利巴西利卡塔大区波坦察省的小镇巴尔瓦诺，生产业务为对需要烘焙的白面包进行包装。第二家工厂是在意大利阿韦利诺省圣安杰洛德伊隆巴尔迪小镇：一开始是专业生产能多益和多普乐，后来也生产多浓绮（Tronky）巧克力棒和健达缤纷乐巧克力。

在"健达"旗下，又有了特色产品：健达巧克力小蛋糕（Kinder

Delice），它是由两块巧克力包裹的海绵蛋糕夹着一层牛奶酱构成。

1986年　费列罗公司庆祝成立40周年

费列罗公司庆祝成立40周年。其员工达到6 677名，营业总额为9 260亿里拉（约合如今370.4亿美元），差不多5年内翻了一番。当时的文件资料上这样写道："关于该公司，经济方面实力非凡，这凭借的是其小心稳健的自筹资金政策，以及将其利润再投资于生产要素上。"

1987年　一件安·卡佛瑞（Enrico Coveri）的运动衫

在意大利著名时尚品牌的大力支持下，费列罗公司做了一场品牌促销活动："只需要25个积分"（分别藏在能多益、妃耶斯塔和布里欧丝包装里），就可以得到一件安·卡佛瑞牌子的运动衫。当费列罗公司在英国又开设了一家贸易办事处时，阿尔巴工厂正在烘焙一款新的巧克力零食：裹着近似能多益酱的三个半球形威化小食品，中间是一颗完整的榛果。它的名字叫多普乐，后来这款食品经久不衰。

1988年　"思考与做事的能量"

3名年轻的登山者在高海拔地区的一个遮挡凛冽寒风的帐篷里，交换着新鲜的涂满能多益的面包——这是一则主题为"思考与做事的能量"的广告（但是评论家们觉得它不太符合实际），这则广告一直播放到1993年。

在比利时，费列罗公司开设了费列罗阿登（Ferrero Ardennes）公司，翌年在阿尔隆建起了一家生产工厂。

在西班牙，费列罗公司开了一家子公司，名为费列罗伊比利卡（Ferrero Iberica）。该子公司同时管理着葡萄牙市场。

1989年　每一个盖子里都有一份小礼物

在每个能多益罐子的盖子里，都放着一些给孩子们玩的十分有趣的小礼物，比如竹签、小飞盘、多米诺骨牌、戒指及纸牌，等等。"每个盖子里有一张原盘，每个原盘里有一款游戏"。

费列罗公司决定用健达出奇蛋来进入复活节彩蛋这个市场。

1990年　普鲁斯特的玛德莲娜

法国人如同意大利人一般喜爱能多益。这一点也体现在作家兼记者的丽塔·茨里奥的《质量：意大利物品的场景》一书中。该书把能多益定义为：它是普鲁斯特可涂抹的且是集体的马德莲娜。这也点到了它的"社交"特征。在意大利举行的国际足联世界杯赛上，费列罗公司推出了"赢得冠军"的广告活动。该活动物色了一些各国知名运动员为其代言，如古力特、维埃里、卡布里尼、马特乌斯及鲁本·索萨等。

一直以来，费列罗夹心巧克力都是在天气开始变热时撤出市场，到秋季再次出现。因此，对巧克力去季节化（夏天销量下降）就成了米歇尔众多目标中的一个。基于这个目标，费列罗公司推出了健达牛奶片，之后在1992年开始销售健达双层牛奶夹心巧克力，在1994年开始销售健达帕拉迪索蛋糕（Kinder Paradiso）——这些产品第一次被要求放入冰箱。

费列罗公司在德国推出了拉斐尔椰蓉夹心巧克力。

1991年　在费拉拉的"神秘能多益"

能多益成为一门艺术，登上了舞台。在费拉拉的钻石大楼里，举办了"神秘能多益"流行艺术展：把大众文化和产业碎片与艺术和创意元素混合在一起。通过矛盾的修辞风格，在彗星剧院（La Cometa）上演了科拉多·古赞蒂（Corrado Guzzanti）的作品《苦涩的能多益》——一部关于电视的讽刺文学。

与华纳兄弟（Warner Bros）达成协议，允许费列罗公司将小朋友们最喜爱的卡通人物印在能多益的玻璃杯上，这些卡通形象有崔弟和傻大猫西尔维斯特、唐老鸭等。

1992年 《心》：值得好好生活的原因

由米歇尔·塞拉管理的讽刺周刊《心》（1989—1996）上展开了一项名为"最后审判"的民意调查。在"值得好好生活的五个原因"排名中，能多益排在中间位置。

费列罗公司的扩张仍在继续：在东欧，在波兰别尔斯克建立一家工厂；在南美洲的墨西哥开设了销售办事处，在阿根廷的拉帕斯托拉建立一家工厂。

1993年 里卡尔多的《能多益传》（*Nutella Nutellae*）

在三月的《新闻报》上发表了由作者费尔迪南多·卡门（Ferdinando Camon）写的一篇文章，这篇文章激起了一场有关文化的争议：作者针对那些促销书，认为它们"就好像超市中待售的能多益一样"。为了维护榛果酱的名声，就连第五频道的电视节目《新闻地带》（*Striscia la notizia*）里的英雄人偶轧毕博（Gabibbo）也参与到争论中来："能多益罐子里的文化要比任何一个神秘书店80%的书籍里的文化都要多得多。"

这年，作家里卡尔多·贾科尼以风趣幽默的方式模仿着拉丁文写了一本名为《能多益传》的文集，由动漫（Comix）出版社出版，标价为1 000里拉。接着，第二本名为《能多益2：复仇》出版，销量超过100万册。

在舞台上，有两部作品分别采用能多益来达到喜剧效果：第一部作品是朵娜特拉·迪安曼蒂（Donatella Diamanti）给演员宋尼娅·格拉西（Sonia Grassi）创作的《近乎人类的声音》（*Una voce quasi* umana），另一部是由毛洛·瓜特利纳（Mauro Quattrina）创作、斯特法络·巴伊五斯克出演的《我给你带来美味的能多益》（*Vi porto la buona Nutella*）。

1994年　没有能多益的世界将会怎样

"能多益就是这样，总是有些特别。没有能多益的世界将会怎么样？"这句广告词连续播放了10年。与以往的广告策略不同，它是依据"至爱品牌"的市场营销组合的战略而设计出来的。费列罗公司还设计了"能多益团队"的徽标印在本子或食谱上用于促销活动。

不断地向海外进行扩张，在匈牙利和捷克共和国分别开设了销售办事处，在巴西的波苏斯·迪卡尔斯建起了工厂。3月的3日和4日，在意大利卡萨莱基奥（Casalecchio di Reno）体育馆举行了博洛尼亚巴克尔球队（Buckler Bologna）与特雷维索贝纳通球队之间的"能多益超级杯篮球赛"。这是费列罗公司前期赞助的体育活动之一。

11月5日，阿尔巴又一次发生水灾，造成皮埃蒙特大区多人伤亡。费列罗工厂也遭受了严重的损失，生产线被迫关闭了25天。但随后，工人们自发地帮助政府派来的山地部队（Alpini），对仓库积留下的淤泥进行了清除，很快工厂就恢复了生产。

11月底，费列罗公司在罗马时尚俱乐部"新启门"第一次举办了能多益派对。在派对上，出现了一个巨型的面包，上面涂满了整整30千克的能多益酱。

1995年　编入意大利字典

符号学家奥马尔·卡拉布雷斯把能多益定义为"一抹美味"。很快，以"一抹美味"为主题的派对就席卷了整个意大利。在佩鲁贾，"第三届欧洲巧克力节"如期举行。10月15日晚，在多利安·凯瑞（Dorian Gray）迪斯科舞厅举办了盛大的"能多益睡衣派对"。

而在音乐方面，费列罗公司也巩固了能多益作为一个神话的存在。第一首写有能多益的歌是1994~1995年戏剧季时推出的专辑《认为曾很有思想》（*Pensare che c'era il pensiero*）里的歌曲《左右》。它是由乔治·嘎贝与他的身为画家及语言大师的朋友桑德罗·卢泊里尼（Sandro Luporini）一起创作的歌词："如果瑞士巧克力是右翼/能多益算是左翼/但是，什么是右翼，什么是左翼……"之后，又有雷纳多·泽罗与易万·格拉兹阿尼合唱的歌曲《你姐姐的能多益》。

榛果酱正式编入意大利语中（收录在意大利权威词典《德沃托·奥利》词条中）："能多益：一个销售广泛的以榛果和巧克力为基础而制成的酱的品牌名称（注册商标）。"需要说明的是，费列罗公司为了避免品牌被大众化而向乐蒙尼埃出版社（Le Monnier）提供了一份法律声明，因而，在词典中"能多益"词条中特别注明它是注册商标。

在美国的新泽西州的萨默塞特，费列罗公司开设了一家工厂。在一贯以严格审稿标准著称的杂志周刊《纽约客》上，作家安德烈·李发表了一篇名为"在罐子里的过失、政治和爱神"（Colpa,politica e eros in un vasetto）的文章献给让意大利人崇拜着迷的产品。文中写道："就像一切独具风格的创造物一样，能多益超越了它的成分，而具有一份精神含义。"

意大利的超市里迎来了一款新的休闲食品：酸奶口味的优枸布里欧丝（Yogo Brioss）。

1996年　卢浮宫里的"能多益一代"

这年，意大利国家统计局（Istat）通过对"购物篮"物品与劳务价格的变化统计出的数据显示，其年通货膨胀率在4%左右。而能多益就是"购物篮"中的物品之一。

在巴黎，为了欢庆能多益30周年，费列罗公司在卢浮宫卡鲁塞勒画廊举办了主题为"能多益一代"（见右图，邀请函）的展览。展览期间展示了许多艺术家、作家及诗人等不同的作品。

嘀嗒糖赞助法拉利单座跑车的F1方程式比赛，一直延续到2002年。

在德国，由网球冠军鲍里斯·贝克尔（Boris Becker）拍摄的一条有关能多益的广告引起了很大的争议。在广告中，鲍里斯·贝克尔在涂抹完面包后，舔了刀具上剩余的能多益——妈妈们觉得这一举动缺乏教养。

1997年　小彼得和小乔万尼担任费列罗公司首席执行官

4月，借助"年轻艺术家双年展"，一辆装载美味的有轨电车在城市街道上穿行引起了都灵人的好奇。电车车身上印着大罐的能多益图片，而在车内可以品尝到涂抹上榛果酱的不同食品：这是意大利第一辆流动的能多益店。

能多益被涂抹到了东欧：费列罗公司在波兰离华沙北部仅60千米的别尔斯克建立了新的工厂。在俄罗斯开了一家销售办事处。现在费列罗公司的生产工厂已经有15家，员工1.6万名。

费列罗家族第三代继承人已经开始进入企业的管理中心：米歇尔

224

的儿子、小彼得和小乔万尼成为企业的首席执行官。

1998年　欧洲冠军联赛赞助商

5月20日，在阿姆斯特丹，尤文图斯足球队在欧洲冠军杯决赛中输给了皇家马德里足球队。在球场边能多益的广告牌上显示：赞助1999年在巴塞罗那、2000年在巴黎举办的决赛，连续赞助3年。

8月9日，帕尔马省贝多尼亚的面包师们出炉了一条332.66米长的面包，获得了吉尼斯世界纪录：世界上最长的一块面包，里边夹着萨拉米香肠、奶酪及能多益。

报纸以"能多益统一了意大利"为标题，报道了9月27日在阿尔巴的一家酒店里，由巧克力俱乐部（"众神之食"和吉安杜佳酱关注者协会）组织举办的一场盛大的派对。

在托里内塞镇的塞蒂默实验剧院，上演了《先祖》（*AnteNati*），导演为罗贝尔多·塔拉斯口（Roberto Tarasco）；在都灵的尤瓦拉剧院上演了《能多益古滕堡》（*Nutella Gutenberg*），导演为乔万尼·科洛西莫（Giovanni Colosimo）。

1999年　能多益在美国的第一个网站

在因特网上，自发建立的"能多益关注者"群至少已经有两年了，比如有个名叫"三脚架"（Tripod）的平台。面对这些，费列罗公司法律部在阻止非法使用该商标方面是坚定不移的。在美国第一个有关榛果酱的官方网站表现得十分低调。

在博洛尼亚的车展上，开启了第一家能多益店。

加强了对"能多益团队"礼物的促销推广活动。这些礼物包括衬衫、帽子、钥匙链及色彩缤纷的小玩意。

2000年　对意大利人来说它是个典型的产品

3月的16日到19日，在都灵历史建筑夫人宫（Palazzo Madama）前，举办方设置了一个大的能多益店（见右图），并且用高5米的字母来作为招牌，以庆祝欧洲巧克力节。这个店面足有1000平方米，在里边可以品尝从开胃菜到甜品在内的各种用榛果酱搭配的吃法。

费列罗公司又开始对另一个体育运动进行赞助：能多益成为意大利国家足球队的官方赞助商。在比赛期间，费列罗公司还会在场地进行海报或电视广告宣传，并会推出特殊的能多益罐子。

10月，弗内卡斯特（Forescast）公司在给戈里齐亚展览公司（Fiere di Gorizia）的一项调查结果中惊喜地发现：45%~50%的意大利人认为能多益是"典型产品"，就像原产地包含认证（DOP）的各种奶酪、火腿及受保护的地理标志——萨拉米。

费列罗公司在互联网上的网址是Nutella.it和Nutella.de。在许多自发引用过后，费列罗公司以第一人称（主人身份）进入网络世界。

2001年 在博洛尼亚和热那亚试运营能多益店

2月24日，费列罗公司在博洛尼亚市中心因迪鹏登扎（Indipendenza）主街道上庆祝第一家能多益官方店开业。这是与诞生在艾米莉亚—罗马尼亚大区的餐饮巨头卡斯特（Camst）合作的成果，还加入了合作社联盟。12月，在热那亚菲乌马拉（Fiumara）小城里的一家商业中心开了第二家能多益官方店。这个试验只持续了短短几年：费列罗公司后来放弃了开设快餐连锁店的想法，而是定位在酒吧开设能多益店。

6月，在帕多瓦，由伽利略科技园（Parco Scientifico e Tecnologico Galileo）和意大利设计学院（Scuola Italiana Design）联合举办了一个名为"意大利百年产品"的展会。在展出的百件创造了设计史的商品中，参观者通过问卷调查，首先选出了维斯帕摩托车，接着是菲亚特500，再就是能多益。

理查德·卡西尼的书激发了库内奥安东内洛·莱尔达大师的灵感，于是一部名为《歌颂能多益》的歌剧就此诞生。10月，该歌剧在拉斯佩齐亚获得了全国创作比赛二等奖。

费列罗公司开启了Internet Nutella.fr网站。

2002年 "TartiNutella"——专门设计的刀具

设计也被神话所吸引。在法国，消费者对由著名建筑设计师帕特里克·茹安（Patrick Jouin）设计的一款专门用来涂抹的刀具"TartiNutella"，感到十分好奇。

11月，在法国大西洋海岸开始了罗姆之路（Route du Rhum）帆船比赛，该比赛每四年举行一次，由法国圣马洛（St. Malo）驶往瓜德卢普岛（Guadeloupe）。在众多选手中，有意大利移动电信公司赞助的代表乔万尼·索迪尼（Giovanni Soldini）及法国最出名的帆船手之一——卡琳·福科尼耶（Karine Fauconnier）。在她的船舱中就储备着能多益。

费列罗公司开始生产健达美能达诺蛋（Kinder Merendero），一款在夏天可以代替健达出奇蛋的产品：彩蛋的一半是奶油和榛果，它们被包装在一个塑料盒内，而另一半则是一份令人惊喜的小礼物。在意大利上市取得成功之后，该产品改名为"健达奇趣蛋"，在南半球热带国家销售。

2003年　能多益在线社区、点心&饮料结合

费列罗公司第一次将能多益与小面包棍、夏日茶一起组合包装，在海外销售。

4月，费列罗公司开设了另一个网站（比社交网络早）：这是能多益喜爱者的一个虚拟社区，取名为"我的能多益"（MyNutella），注册人数上千。

7月26日，德国法兰克福奥伯豪森的一家购物中心开设了一家能多益店：在意大利能多益店关闭后，这家店也关闭了。

费列罗公司在电视上推出一系列以歌曲《顺其自然》[由利文斯顿（Livingson）与艾文斯（Evans）作词曲]为音乐背景的广告。广告里，一群小朋友在能多益的陪伴下一起玩耍，一起学习，一起幻想，一起成长。

费列罗公司开始拓展新道路，第一款没有巧克力的健达小点心上市，该小点心名为"健达开心河马"（Kinder Happy Hippo）。

2004年　在意大利庆祝能多益面世40周年

在西蒙娜·文图拉（Simona Ventura）主持的圣雷莫音乐节上，弗朗西斯·法契内蒂（Francesco Facchinetti，艺名为Dj·弗朗西斯）首次登台亮相。他唱的歌曲《它曾最美》的歌词是："……我曾是蜜蜂，你曾是蜜/小樱桃在蛋糕上/我的罐子里装满了能多益。"

4月20日，在都灵的"The Bcache"迪斯科舞厅里，在波河沿岸的河堤边，费列罗公司通过报刊、书籍及讨论等各种形式庆祝能多益面世40周年。在阿尔巴费列罗基金会举办的发布会上，费列罗家族也参与其中。米歇尔逐一吹灭了插在涂满能多益法棍上的40支蜡烛。（见下图）

6月，费列罗公司在喀麦隆首都雅温得开启公益企业项目——健达出奇蛋生产工厂。

费列罗公司在阿尔巴开始翻修一家纺织厂（名叫Filanda Pellissetti），两年后完工，现在成为费列罗研究中心（Soremartec）。

10月7日，费列罗公司在罗马又举行了一场30周年庆：健达彩蛋上市30周年。为此专门举行了一场展览会。

费列罗公司第一次在互联网上做起了推广活动，推广健达巧克力蛋糕（Kinder Pan e Cioc），即夹着黑巧克力碎片的海绵蛋糕。

2005年　在法国和德国周年庆

在法国，费列罗公司庆祝来到法国40周年。在巴黎中心一家"欢乐、短暂、神奇"的咖啡馆（名为Table Nutella）里，连续欢庆40天：在那间十分雅致的小屋内，提供鸡尾酒、可丽饼、法国可颂面包、榛子酱蛋糕，等等，吸引了成千上万的人前往品尝。

在德国，最终的庆典活动于5月29日在北莱茵—威斯特法伦州的盖尔森基兴球场举行。有27 854人集聚在一起享用一次特别的早餐：在球场或站台上食用配有能多益的早餐。这次活动作为世界上首次大规模早餐而创下了吉尼斯纪录。4月，一辆老式的英国双层公交车开始从汉堡开到慕尼黑，接着驶往莱比锡。车身上写着"Hast Du's drauf?"，这句话一语双关，意为"你上面涂了吗？"（能多益涂在面包上），以及"你准备好了吗？"。这辆车在德国的33个城市来了一次早、午餐旅游。

4月26日，在米歇尔80周岁生日那天，意大利总统卡洛·阿泽利奥·钱皮（Carlo Azeglio Ciampi）授予他意大利最高荣誉："大十字骑士"勋章。

国际扬—罗比凯广告公司（Young & Rubicam）从1993年开始就在意大利进行定期评估。该评估是通过一种相当复杂的搜索工具调查研究消费者的看法，以此来评估品牌的健康状况，被称作"品牌资产标量"（Brand Asset Valuator）。

在他们的年终报告中给出的表述是，最受年轻人（18岁~24岁）和中年人（45岁以上）青睐的品牌就是能多益。

2006年　曲颈瓶罐子

4月，在米兰的家具展上，设计家米开朗基罗·乔比尼（Michelangelo Giombini）、马泰奥·米利奥里尼（Matteo Migliorini）和马克·萨尔诺（Marco Sarno）展示了灵感来自能多益的家具：形状像百利金罐子的"榛果家具"，一种是用欧石楠木制作的复古柜子，另一种是用聚碳酸酯材料制作的20世纪50年代的冰箱。

另外，乔比尼还设计了一种金属材质的小勺子，取名为"品尝能多益"（Gustanutella）。除此之外，他还设计出一种皮质小包，用来携带能多益罐子出行，以便突然想吃能多益时可以随时得到满足。设计师保罗·尤连（Paolo Ulian）设计了"手指饼干"：一款手指形状的饼干，可以伸进罐子里蘸上能多益，然后一口塞进嘴里。

在六七月间，一款850克装的足球形状的能多益罐子出现在超市里，用来庆祝德国世界杯。

在法国，电视开始播出以瑞典歌手安德烈斯·约翰逊（Andreas Johnson）演唱的《光荣》（Glorious）这首歌为背景音乐、由导演米歇尔·科恩（Michéle Cohen）拍摄的广告：早晨，四个小孩睁开眼睛后，就跑向了能多益；广告词是："身为小孩，非常需要能量"（Il en faut de l'energie pour etre un enfant）；晚上，镜头从意大利转到俄罗斯，并在许多国家蔓延开来。

费列罗公司开设了三家工厂：两家属于公益企业，分别在喀麦隆首都雅温得和南非的沃克维尔，另一家在加拿大，是一个大型生产基地，位于安大略省的布伦特福德市。从10月20日起，这三家工厂全面展开作业。

经过多年的尝试，开始分销由米歇尔设计创新的新产品，取名为"费列罗格兰索雷"（Ferrero Gran Soleil）。这是一款单独密封包装在小盒子里的液体产品，消费者在食用之前需要把产品放在冰箱保鲜层里（不是冷冻柜），待它变成雪糕状再食用。

2007年　意大利国家足球队的早餐

9月8日，意大利国家电视台一套在播放欧洲足球锦标赛意大利对阵法国预选赛前，播出了一段新的广告。意大利国家队冠军们在佛罗伦萨的科维尔恰诺（Coverciano）训练营食用早餐，克劳迪奥·西尔韦斯特里（Claudio Silvestri）戴着厨师帽出现在镜头前："我是克劳迪奥，是意大利国家足球队的厨师。这是份重大又美好的责任：我负责给他们一份更全面、正确、均衡的营养餐。早晨，无疑给他们准备水果、牛奶和能多益……之后，就看他们如何跑来吃早餐。"广告代言人是佛罗伦萨人，他确实是足球运动员们的厨师，在科维尔恰诺工作。这则广告持续播出到2010年南非世界杯足球赛。

数字媒体策略师萨拉·若松与她的好朋友米歇尔·法比奥（律师及博客主）两人都是意大利血统，直到在美国长大后，他们才回到意大利。在意大利，他们创建了"世界能多益日"，即2月5日（这个日期并没有与品牌的历史有什么关联）。

费列罗公司在印度的巴拉默蒂展开了公益企业项目：建立了一家工厂。

费列罗公司在阿尔巴建立了"费列罗能源"部（Ferrero Energhe），除了专门为公司运作采购所需一切能源之外，还负责企业生产工厂的经济和环境效益。

费列罗公司在市场上推出了"费列罗花园"（Ferrero Garden）：是一款有着三种不同口味的夹心巧克力，有杏仁味、开心果味和榛果味。

2008年　为了推出能多益威尔网站，在都灵开展能多益日活动

1月28日，费列罗公司在网站一个专栏上登出了一款十分诱人的使用头层牛皮制作的包。它由棕色和白色组成，是能多益罐子形状的手提包，取名为"吉利能多益包"（Gilli Nutella Cube），限量发行100个。

6月12日，在都灵，为了欢庆夏天的到来，为了能把"能多益激发出的历史、热情、轶事及生活的片段"放在一起，费列罗公司第一次（时至今日，也算是最后一次）在古老的广场上、花园里、一些室内场所里，举行了能多益日欢庆活动。当晚举行了音乐会作为那天的闭幕仪式，到场的有阿朗·夸尔特团体（Aram Quartet）、梅格（Meg）和马克思·嘎泽（Max Gazzè）等。

同一天，费列罗公司开放了能多益威尔网站：它是一座十分"有诗意和想象力"的虚拟城市，在里面可以找得到许多受到能多益启发的视频、照片、诗和歌曲。起初，该网站是由新网络公司来管理，现在变成了佐迪亚克活性公司管理。

5月28日，一场临时而起的绿色和平组织的抗议活动在科维尔恰诺集中训练地（国家队训练地）的铁栅门前展开。十几个活跃分子打扮成猩猩的样子，穿着蓝色的衬衫，举着一块标牌，标牌上写着："没有森林世界将会怎么样？"这次他们主要是控诉能多益酱里使用棕榈油这一成分，是引起远东地区（棕榈油种植区）森林被砍伐的主要原因。不过，费列罗公司回应道："我们仅仅使用来自马来西亚的棕榈油，他们是'可持续棕榈油圆桌会议'的成员。"他们以此来说服环保主义者。

2009年　给G8（八国集团）峰会领导人准备早餐

5月6日，纽约声誉研究所宣布了费列罗公司是世界上最值得信赖的公司，排在了宜家公司和强生公司之前。这份认证5月29日在阿姆斯特丹颁给了小彼得和小乔万尼两兄弟。在2008年，费列罗公司还排名第四，在丰田公司、谷歌公司及宜家公司之后。每一年，纽约声誉研究所都发表"全球声望调研报告"：在27个国家中超过60万人参与评估调查而得出"全球最具声望大品牌"结论。

7月，在意大利拉奎拉市八国集团峰会的早餐桌上，有一款点心含有水果、牛奶、面包和能多益。

费列罗公司在俄罗斯的弗拉基米尔开设了一家新工厂。

11月，全球金融界都在关注美国卡夫集团恶意收购英国品牌吉百利（糖果和巧克力品牌）这一事件。财经媒体报道，费列罗公司正与美国巨头好时公司联系，旨在结成联盟，意大利银行也会给他们足够用于操作的资金支持，但是费列罗公司在年底正式放弃。而2010年1月25日，卡夫集团收购了吉百利史威士公司。

小面包棍、可涂抹的榛果酱及用于解渴的凉茶组成了一个新的包装：能多益随手杯。它是在"点心&饮料"包装（于2008年投入法国市场后，又相继在意大利和其他国家推出）的基础上进行的改革。

2010年　脸书网站页面

4月，意大利的报刊上出现了一些令人惊慌的文章。文章指出，在欧洲会议上，将讨论是否建立一些针对相关成分的新规则，以及禁止对一些产品进行所谓"有营养"的宣传广告。有些人大声惊呼："能多益不符合法规。"费列罗公司解释道，实际上，这些都只是"狼来了"。

4月15日，费列罗公司取消了能多益威尔这一项目，在脸书网站的能多益网页上发布了第一条帖子：在3个月内，就有超过150万的关注者量；到10月7日，达到新的里程碑，点"赞"数达200万。能多益在脸书网站上的主页也不过是2009年才创建的。

5月26日，在推特上人们第一次听见了能多益罐子发出的声音。

6月25日到7月25日，在拉斯佩齐亚，费列罗公司开始运作第一家临时的面包和能多益店：这是公司对品牌概念面包店模式进行的第一次尝试。

在电视上开始播放以冰岛歌手雍索尔勃吉森（Jón Þór Birgisson，简称雍希）演唱的歌曲《行动起来》（Go Do）为背景的一则广告。广告词是："没有能多益的早餐，会怎样？"这是引用了1994年的广告词。

7月5日，费列罗公司在罗马的夫人庄园里发布了关于企业社会责任的第一次报告。当天，外交部部长弗兰克·弗拉蒂尼（Franco Frattini）授予小彼得和小乔万尼两兄弟"赢得意大利大奖"（Winning Italy Award），它是对"能够展示和提升意大利在世界的良好形象"的个人或企业的奖励。

2011年　小彼得离世

3月23日，意大利市场调查研究公司Demoskopea与电子商务创新公司e-Bit Innovation（创新）共同创建的意大利第三电子商务天文台研究所（Il Terzo osservatorio italiano sull'e-Business）授予脸书网站上意大利能多益主页"最佳社交网页"一等奖。

4月18日，小彼得（见第237页图）在南非处理公益企业事务期间由于突发疾病去世，享年47岁。他的葬礼于4月27日在阿尔巴举行，

一时间，其亲朋好友及整个城市
都处在哀伤中。

在哥哥去世后，小乔万尼
成为费列罗公司唯一的首席执行
官，担任费列罗国际控股公司副
主席的弗兰切斯克·保罗·福尔
其接任意大利费列罗有限公司主
席一职。

意大利庆祝国家统一150周
年。在都灵OGR博物馆举行了主
题为"做意大利人"的展览会，在众多展览产品中就有一罐能多益。

2012年　音乐中的早安

小屏幕中播放着以卢奇亚诺·帕瓦罗蒂演唱的《早安》为音乐背
景的富有乐观精神的广告：意大利在一阵烤面包的香气中醒来，随即
就是广告语："能多益美味开启新的一天。"（面对着乡村的景色）

包括网络上的倡议、广告牌在内，在设计、音乐或艺术领域与
达人们开展推广等活动所进行的一切广告都是采用基于这种基调的策
略。3月的24日、25日，能多益在5个城市（米兰、都灵、佛罗伦萨、
罗马、那不勒斯）请大家用早餐来庆祝意大利环境基金组织倡议的活
动："春日"（Giornata FAI di primavera）。

4月，加利福尼亚爆发了反对美国费列罗公司的集体诉讼事件。
该诉讼事件是由一位4岁女孩的妈妈提出的：费列罗公司发布了虚假
"养身"广告。因为在商业广告中，费列罗公司用到了"健康食品"

（healthy food），以及在标签上的产品营养特性这一栏上描写得不够清晰。最终，费列罗公司与消费者达成和解，对可以证明在2008年1月1日到2012年2月3日期间购买能多益并参加集体诉讼的消费者，给予每罐4欧元的象征性赔偿，并致力于更改其在美国发布的公告信息（去适应比欧洲更加严格的法规）。费列罗公司澄清，此次纷争只涉及在美国销售的产品，由此避免了因类似纠纷而产生的巨额律师费。

11月，法国参议院以环境健康为由，提出了征收3倍棕榈油（能多益成分之一）税的议案，但最后遭到否决。费列罗公司在网站"nutellaparlonsen.fr"（我们来说说）购买广告页做出回应："能多益很不公平地处在了一个关于棕榈油争论的中心。"棕榈油在保证"能多益奶油状及其稳定性"上起到了决定性的作用，并且这样就"不需要进行油脂氢化这一过程"。

2013年　包装的改革

多年来，能多益的包装从未改变，除了一些限量版促销：30克的小盒装、200克的玻璃杯装、400克或750克的罐装及1千克装的特别系列装。5月，费列罗公司增加了新的包装：3种不同量（630克、825克及1千克），并且推出了广告，即通过网站互动形式发送主题为"每个家庭都有自己的早安"的视频。该广告也为后来的"能多益是你"（广告词）的个性化标签做了铺垫，使费列罗公司在10月的第一个星期就取得了巨大成功。

5月6日，雀鹰乔·空逗又回到了意大利国家电视台一套的新节目《重归卡洛塞洛》中。

费列罗公司积极圆满地解决了与提倡"能多益日"的博主萨

拉·若松之间的误会。费列罗
法律部门之前请她不要不正当
地使用该商标。5月21日，费列
罗公司正式发表声明，将给她
们开绿灯："费列罗自认为十分
幸运，能拥有像萨拉·若松这
样忠诚及富有奉献精神的能多
益关注者。"

6月18日，费列罗公司在墨
西哥又投资2亿美元，在瓜纳华
托州的圣何塞伊图尔比德（San
José Iturbide）开建新工厂。9月
8日，又在号称榛果之国的土耳其（马尼萨城市）开建另一家工厂。
到此，费列罗公司旗下共拥有20家工厂。

7月，费列罗公司已经连续3次成为求职者首位梦想工作之地——
处在由美国Glassdoor基于员工点评而产生的"最佳工作场所"排名
中；同样，在3月还获得了任仕达奖（Randstad Award）。该奖证明
了费列罗公司对意大利工作者来说是最具吸引力的：它以占69%的
选票而排名第一，之后则是法拉利公司和泰雷兹阿莱尼亚宇航公司
（Thales Alenia Space）。

10月7日，看到一些国际报刊载文推测，说费列罗公司有可能出售
给瑞士巨头雀巢公司之后，费列罗公司首席执行官小乔万尼用简洁的一
句话否认了存在任何形式的商务谈判："费列罗不会出售给任何人。"费
列罗家族依旧是不可撼动的公司掌舵人。见第239页图，左一是小乔万

尼，中间是他的父亲米歇尔，右一是他的母亲玛丽亚·弗兰卡。

该年，费列罗公司以社交网络可喜的结果而结束：在脸书网站上，意大利能多益主页点"赞"数已经达到了500万。

2014年　邮票和能多益B-ready产品

1月，意大利邮政局决定，在这年5月14日出版一张纪念能多益50周年的邮票。

能多益50周年庆典活动计划于5月18日举行。这是费列罗公司第一次在全世界范围内举办的各地同时欢庆活动。

费列罗公司通过一款新的能多益夹心饼进行品牌延伸，它就是能多益B-ready，"一款含有能多益馅的薄脆面包"。

参考文献

AA.VV., *CoolBrands*, Superbrands, Londra, 2006.

AA.VV., Catalogo della mostra *Cento anni di prodotto italiano*, Parco Scientifico e Tecnologico Galileo, Padova, 2002.

AA.VV., *Ferrero* 1946—1996,pubblicazione fuori commercio Ferrero S.p.a., Pino Torinese, 1996.

AA.VV., *Condividere valori per creare valore.responsabilità Sociale d'Impresa, Rapporto 2000—2010, 2011, 2012*, FERRERO csr Office, Bruxelles.

Bazzarini, A. P*iano teorico-pratico di sostituzione nazionale al cioccolato aggiuntovi un metodo economico-speculativo di sostituzione al caffè*, Fracasso, Venezia 1813.

Backer, K.D., Miroudot, S., *Mapping Global Value Chains*, OECD (OCSE) Trade Policy Papers, No.159, 2013, http://dx.doi.org/10.1787/5k3v1trgnbr4-en.

Barthes, R., *Miti d'oggi*, Einaudi, Torino, 1974.

Bertola, R., *Le avventure del Gigante Amico e di Jo Condor*, Sei, TORINO, 1974.

Bosio, G., *Nutella: da prodotto di largo consumo a prodotto di culto*, Tesi di laurea, Iulm, Milano, 1997.

Campanelli, C., Taurino, M., *NG bicchiery promozionali*, Centrostampa, Roma, 2000.

Candelo, E., *Brand management*, Giappichelli, Torino, 2005.

Candler Graham, E., Robert, R., *Cucinare con la Coca-Cola*, Newton Compton, Roma, 1998.

Carmagnola, F., Ferraresi, M., *Merci di culto*, Castelvecchi, Roma, 1999.

Casalegno, C.(a cura di), Pubblicità *istruzioni per l'uso,* Franco Angeli, Milano, 2012

Cirio, R., *Qualità: scènes d'objets à l'italienne*, Éditions du May,Parigi, 1990.

Collins, J.C., Porras, J.I., Built *to last: Successful Habits ofVisionary Companies*, Harper Business, New York,1994.

Cosenza, V.,*Social media Roi*, Apogeo, Milano,2012.

De Vecchi, S., Di Nola, A., Tonelli, M., Storia *di un* successo, Aeda, Torino, 1967.

Fabris, G., *La pubblicità, teorie e prassi*, Franco Angeli, Milano, 1997.

Fabris, G., Minestroni L., *Valore e valori della marca*, Franco

Angeli, Milano, 2004.

Fabris, G.,Padovani, G., Nutella *siamo noi*, pubblicazione fuori commercio, Ferrero S.p.a., Pino Torinese, 2006.

Ferrero, G., *Il giardino di Adamo*, Mondadori, Milano, 2003.

Ferrero, G., *Marketing Progetto 2000,* Franco Angeli, Milano, 1990.

Fenoglio, M., *Vivere altrove*, Sellerio, Palermo, 1997.

Galloway, J.H., voce"Sugar"in *The Cambridge World* History of Food and Nutrition, Cambridge University Press, Cambridge, 2000.

Giorilli, P., Vada Padovani,C., *Pane e Nutella*, Giunti, Firenze,2012.

Ginzburg, C. (a cura di), *Imprese Sociali Ferrero*, Skira, Milano,2012.

Ginzburg, C. (a cura di), *Trent'anni di Fondazione Ferrero*, Skira, Milano, 2013.

Giusti, M., Il *grande Ubro di CaroseHo*, Sperling & Kupfer, Milano, 1995.

Grasso, A. (a cura di), Encidopedia della *te!evisione*, Garzanti, Milano, 1996.

Iacchetti, G.(a cura di), *ItaUanità*, Corraini, Mantova, 2009.

Keller, J.-P.,Il *mito Coca-Cola*, Eleutheria, Milano, 1986.

Klein, N., No *Logo,* Baldini & CastoldiFMilano, 2001.

Kotler, P., 300 risposte sul marketing, Tedniche Nuove, Milano, 2005.

Kotler, P., Armstrong, G., *Principi di* marketing, Pearson Paravia, Milano, ʿ010.

Kotler, P., *Marketing* 3.0, Il Sole 24 Ore, Milano, 2010.

Lanza,C., Il *mercabul.Il controUnguaggio dei* giovani, SugarCo, Milano, 1974.

Lavarini, R., Scramaglia, R., *Lavorare Creare Donare*, Fondazione Ferrero, Alba, 2003.

Marx,K., Il *capitale*, Editori Riuniti, Roma, 1974.

Marsero, M.,D01ci *delizie subalpine*, Lindau,Torino,1995.

Minestroni, L., Il *manuale deHa marca*, Fausto Lupetti, Bologna, 2010.

Nelli, R.P., *Branded Content Marketing*, Vita&Pensiero, Milano, 2012.

Off,C.,*Ciocc01ato amaro*, Nuovi Mondi, Modena, 2009.

Packard,V.,I *persuasori occulti,* Einaudi,Torino,1954.

Padovani,G.,*Gnam! Storia sociale* deHa *NuteHa*, Castelvecchi, Roma, 1999.

Padovani, G.,*NuteHa un mito itaUano*, Rizzoli, Milano,2004.

Pellati, R., *Tutti i cibi daHa A aHa Z*, Mondadori, Milano, 2009.

Pellicelli, G.,Il *marketing intemazionale*, Etas, Milano, 2010.

Pigna, A., *MiUardari in borghese*, Mursia, Milano, 1966.

Pittei, D., *Fabbriche del desiderio*, Luca Sossella Editore, Roma, 2001.

Rizzini, M., *Origini, evoluzione e afferrnazione* di *un prodotto di successo: il caso Nutella*, tesi di Laurea, Imlm, Milano, 1997.

Sciannammè, M.C., *La comunicazione nello sviluppo della*

reputazione aziendale: il caso Ferrero, tesi di Laurea, Università degli Studi di Pavia, 2010.

Seglin J., *La guida McGraw-Hill al Marketing*, McGraw-Hill, Milano, 1993.

Semenzini, F.e M., *Ferrero. Un mondo di figurine 1946—1970*, Editris, Torino, 2008.

Vada Padovani, C., Padovani, G., *Gianduiotto mania*, Giunti, Firenze, 2007.

Vada Padovani, C., Padovani, G., *Italia Buon Paese*, Blu Edizioni, Torino, 2011.

Vada Padovani, C.,*Passione Nutella*, Giunti, Firenze, 2010.

Viriglio, A., *Torino e i torinesi*, Viglongo, Torino, 1980.

Volli, U., *Figure del desiderio*, Raffaello Cortina, Milano, 2002.

Volli,U., *Semiotica della pubblicità*, Laterza, Bari, 2003.

Uppshaw,L., *Building Brand Identity*, John Wiley & Sons, New York, 1995.

致谢

特别感谢都灵大学经济系导师兼研究员塞西莉亚·卡萨雷尼奥教授，感谢她为我提供了由她与该大学企业传媒专业的学生一起做的调查研究数据。

感谢以下接受采访人士：博客米特公司的维琴佐·科森扎、吃在意大利超市餐厅公司的奥斯卡·法利内、（小）乔万尼·费列罗、费列罗国际控股公司的首席执行官、瓦莱丽亚·桑代伊、阿尔马维瓦公司的首席执行官、佐迪亚克活性公司的达维德·斯科特吉奥。

感谢以下人士给我提供了许多十分宝贵的资料、线索及建议：凯维公关（Cohn & Wolfe）的亚历山德拉·丘卡雷利（提供了来自Inalpi公司的数据）、尼尔森媒体研究公司的阿尔贝托·达·萨索（Alberto Dal Sasso）和萨曼莎·罗瓦蒂（Samantha Rovatti）、Assocom传媒公司协会的鲍拉·弗兰奇（Paola Franchi）、都灵Ansa公司主编亚历山德罗·加拉沃蒂（Alessandro Galavotti）（提供女神档案室的咨询）、贝佩·费诺利奥（Beppe Fenoglio）研究中心主任朱利奥·巴罗索（Giulio Parusso）、奥迪网络公司的乔瓦娜·米利亚罗（Giovanna Migliaro）、经济发展部的洛伦佐·蒙特尔索里（Lorenzo Montersoli）。除此之外，感谢以下人士提供图像与图表资料帮助：纽约Eataly公司的迪诺·博里（Dino Borri）、设计师莫利斯·谷轧（Moisi Guga）、InTime博客杂志的博主弗朗切斯科·鲁索（Francesco Russo）、我的网站管理员安杰洛·萨库（Angelo Saccu）。

还要感谢奥塔维奥·迪·布里齐（Ottavio Di Brizzi）、保拉·拉贝扎纳（Paola Rabezzana）和Rizzoli出版社的乔万尼·乌比亚利对此书的信任及对我的工作的支持。

感谢费列罗公司及其员工的帮助，让我得以参考档案室的数据和图片。此书完全是我自主研究的成果，并未受到费列罗公司干扰。

费列罗公司或其家族并未授意本书表达任何观点，他们对本书内容不负任何责任。

图书在版编目（CIP）数据

费列罗：能多益长盛不衰之路 /（意）季基·帕多瓦尼著；赵丽华译 . – 北京：北京时代华文书局 , 2020.9

书名原文：Nutella World:50 Years of Innovation

ISBN 978-7-5699-3918-7

①费… Ⅱ .①季…②赵… Ⅲ .①食品企业－企业管理－研究－意大利 Ⅳ .① F454.668

中国版本图书馆 CIP 数据核字 (2020) 第 183379 号

北京市版权局著作权合同登记号　图字：01-2016 1482 号

费 列 罗 ： 能 多 益 长 盛 不 衰 之 路
FEILIELUO：NENGDUOYI CHANGSHENGBUSHUAI ZHI LU

著　　者｜[意] 季基·帕多瓦尼
译　　者｜赵丽华

出 版 人｜陈　涛
责任编辑｜周　磊　余荣才
责任校对｜凤宝莲
装帧设计｜私书坊＿刘　俊　张俊香　段文辉
责任印制｜刘　银　訾　敬

出版发行｜北京时代华文书局 http://www.bjsdsj.com.cn
　　　　　北京市东城区安定门外大街 138 号皇城国际大厦 A 座 8 楼
　　　　　邮编：100011　电话：010 - 64267120　64267397
印　　刷｜三河市嘉科万达彩色印刷有限公司　　电话：0316-3156777
　　　　　（如发现印装质量问题，请与印刷厂联系调换）
开　　本｜880mm×1230mm　1/32　印　张｜8.25　字　数｜195 千字
版　　次｜2021 年 1 月第 1 版　　印　次｜2021 年 1 月第 1 次印刷
书　　号｜ISBN 978-7-5699-3918-7
定　　价｜52.00 元